GRAND-CARTERE
POPOLD II
ROI DES BELSES ET DES BELLES
Geo. DORIVAL
M. BORORY

POPOLD II

Roi des Belges et des Belles

Léopold II

Portrait-charge par O. Gulbransson, pour la série des souverains du *Simplicissimus*, de Munich.

JOHN GRAND-CARTERET

POPOLD II

Roi des Belges et des Belles

Devant l'objectif caricatural

LOUIS-MICHAUD, Éditeur

168 — BOULEVARD SAINT-GERMAIN — 168

PARIS

A LA CAMARGO

ET

A LA DUBARRY BELGES;

A

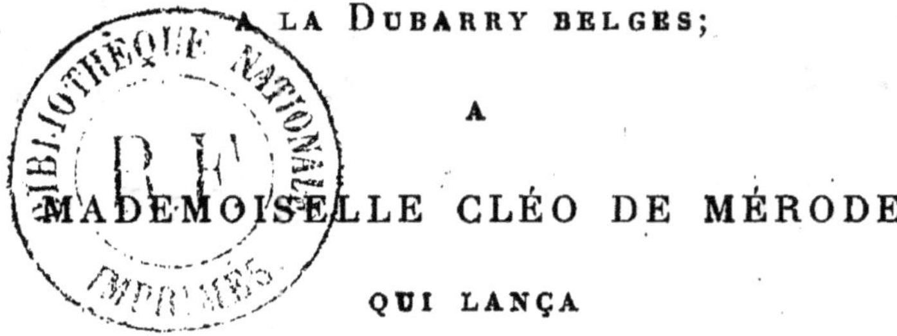

MADEMOISELLE CLÉO DE MÉRODE

QUI LANÇA

LE ROI VERT GALANT

ET A

MADAME LA BARONNE VAUGHAN

QUI L'ACHÈVE

CE RECUEIL D'IMAGES *MERODIENNES*

ET *VAUGHANESQUES*

EST JOYEUSEMENT DÉDIÉ.

J. G.-C.

— Les joies paternelles du roi Léopold. O plaisir sans égal !

(Kikeriki, de Vienne, octobre 1907.)

AVIS PRÉLIMINAIRE

TROUVER les caricatures anciennes n'est jamais chose facile ; trouver les caricatures belges est chose presque impossible, le dépôt légal n'existant pas chez nos voisins.

Et s'il a été publié quelques monographies particulières — telles les *Recherches sur la presse périodique louvaniste,* dues à M. Alfred Berrewaerts, collectionneur émérite, auquel l'on doit également *Vieilles Gazettes!* (il prépare en ce moment *la Presse en Images*), — la bibliographie générale de la presse, de l'estampe et de l'imagerie belge est encore à faire.

J'ai donc été particulièrement heureux de rencontrer chez un amateur, qui tient à garder l'anonymat, les journaux à caricatures que la Bibliothèque de Bruxelles ne possède pas, ou dont elle n'a que quelques rares numéros. Liége, Gand, Louvain, ne sont, du reste, pas plus riches pour leurs feuilles locales.

Il est vrai que l'estampe vient de trouver en M. Léon Van Neck, syndic de l'Union de la presse périodique belge, un amateur avisé, lequel, aidé d'un éditeur intelligent, M. Oscar Lamberty, publie des recueils historiques remplis d'images d'exécution parfaite, à un prix relativement minime.

Son *1830 illustré* — (fastes belges), son *Waterloo illustré*, son *1870 illustré*, sont des documents de premier ordre pour l'histoire de la Belgique, et j'espère qu'il nous donnera avant peu *les Caricatures et l'Imagerie belges*.

C'est, au point de vue populaire, ce que sont les belles éditions de Van Oest pour l'histoire de l'art flamand — tel le *Peter Bruegel*, de René van Bastelaer, conservateur du cabinet des Estampes de Bruxelles, — tel *le Genre satirique dans la peinture flamande*, du savant conservateur du musée de Gand, M. L. Maeterlinck.

En terminant, je me fais un vrai plaisir de remercier G. Julio, le seul caricaturiste belge contemporain — malgré son origine italienne — du précieux concours qu'il a bien voulu me prêter.

JOHN GRAND-CARTERET.

Paris, en Avril 1908.

EXPOSITION DES BEAUX-ARTS A BERLIN EN 1901

Nᵒˢ 888 et 1580 : Le roi Léopold entouré des coryphées du pays.

(*Lustige Blätter*, de Berlin, juin 1901.)

Un Roi très moderne

A Sa Majesté Léopold
Louis-Philippe-Marie-Victor de Saxe-Cobourg,
Roi des Belges.

Majesté,

« Les Belges demandent un Roi. »

Rassurez-vous.

Ce n'est pas aujourd'hui.

C'était en 1824 et ce désir, légèrement ironique, se trouvait exprimé au bas d'une caricature publiée à Bruxelles.

Désir point nouveau, du reste, qu'avaient déjà noté pamphlets et images ; désir qu'exprimait nettement, — quoique sous une autre forme, puisque, ici, c'étaient les aspirants-rois qui se disputaient votre futur royaume — l'estampe assez rare que ne possède point, je crois, votre Cabinet Royal : La Belle Gique et ses amants.

Certes, la belle était désirable, mais, vraiment, les prétendants se montraient alors un peu trop... expressifs.

« Les Belges demandent un Roi ». Ils l'auront, lisait-on dans les pronostics de la Foudre *pour 1826, et ce sera pour 1830, prédisait prophétiquement la* Silhouette *de 1829.*

Ils l'ont eu, leur Roi, les Belges : ils en ont eu deux, même, puisque depuis le 17 décembre 1865, Votre Majesté occupe le trône.

Un Roi!

La figure traditionnelle! Le personnage d'essence supérieure que bien des peuples se sont amusés à supprimer pour conquérir leur liberté. Les Belges, eux, nous offriront cette particularité d'avoir rompu avec la vieille méthode, d'avoir faussé compagnie à la tradition inaugurée par l'Angleterre au XVIIe *siècle.*

Leur indépendance une fois conquise, ils se sont empressés d'aller se chercher un Roi pour mieux sauvegarder cette indépendance.

Et il est permis de supposer qu'à la pratique le système a été reconnu bon puisque, tout récemment, l'on a vu les Norvégiens, pâles copistes, secouer le joug de la Suède et aller, eux aussi, s'approvisionner d'un Roi.

Un Roi! En nos temps de démocratie, — qui le croirait! — article fort demandé et de rencontre facile, nombre de familles souveraines tenant toujours en réserve, à la disposition du public, des princes de noble allure, d'élégante tournure et de barbe imposante, prêts à se sacrifier pour le bonheur de qui voudra.

Ames d'élite, encore en si grand nombre, qu'il y a, pour l'instant, plus de princes à placer que de peuples à gouverner.

Et quelles surprises ne nous réserve pas l'avenir!

Avec sa conception de la Royauté toute-puissante, avec son désir de domination universelle, avec ses idées de nivellement, la centralisation monarchique d'autrefois avait tué peu à peu les petites nationalités.

Or voici que, sous l'égide de ce même principe monarchique ramené à une plus juste appréciation des choses, le XIXe *siècle a vu par les vôtres, Majesté, s'instituer à nouveau les petites nationalités d'essence neutre.*

A la vieille demande « Qui t'a fait Roi? » Votre Majesté eût pu répondre, — si elle lui avait été faite, — par les paroles qu'Elle prononçait à la Fête patriotique du 21 juillet 1905 :

« Si les hommes de 1830 n'avaient pas agi, aucun de nous ne serait ici en ce moment. »

Il a fallu, en effet, que des hommes d'énergie et de volonté secouassent le joug d'une autorité séculaire pour qu'il se créât une monarchie belge.

Une monarchie qui, comme tant d'autres institutions, bientôt pourra célébrer son centenaire. Une monarchie qui, après avoir eu un prince couronné roi des Belges, *votre auguste père, Léopold I, — si identique d'allure et de bourgeoisisme à certain monarque de juste-milieu, qu'il put être surnommé le* Louis-Philippe belge, *— se trouve posséder, avec votre Majesté, la primeur d'un* roi belge, *et cela vaut d'être enregistré puisque, depuis Charles-Quint, jamais prince, appelé par la Constitution et par la volonté du peuple, à régner sur la Belgique, n'avait vu le jour dans le pays.*

Ce « nationalisme belge », Votre Majesté a voulu l'affirmer bien haut, en prenant possession du trône.

« Je serai », déclarait-elle après avoir reçu la couronne, « un Roi belge *de cœur et d'âme. »*

Roi Belge !

Trop grand, sans doute, pour la petite étendue du royaume, votre cœur ne resta pas toujours essentiellement belge ; il s'éparpilla bien un peu à tous les vents, et l'on peut dire que dans ses incursions sur terre étrangère il se montra toujours particulièrement généreux à l'égard de notre pays et de sa capitale : Paris « doux séjour ! »

Roi Belge !

Je ne pense pas que l'âme belge, *de création si récente qu'elle semble encore quelque peu difficile à définir, se puisse réellement incarner en vous. Mais ce que Votre Majesté, longtemps durant, tout au moins, sut admirablement défendre et préparer, ce sont les intérêts et l'avenir de son royaume, de cet état-tampon destiné, comme une autre Suisse, à servir de barrière et de déversoir, tout à la fois, entre la France et l'Allemagne.*

De ce rôle secondaire et purement effacé Elle ne s'est pas contentée. Elle a compris qu'il ne suffisait pas pour un pays, d'avoir son indépendance politique, qu'il lui fallait encore vivre, s'assurer l'existence de tous les jours. Que dis-je ! ceci Elle l'avait prévu bien avant de monter sur le trône, quand après avoir, dix années durant, parcouru le monde en véritable globe-trotter, *Elle résumait ses études, ses observations et ses désirs en un ouvrage qui, mis en vente sous son nom, eût pu devenir un succès de librairie :* Le complément de l'œuvre de 1830.

Ce complément, ce qu'on appellera, par la suite, « la plus grande pensée du règne », c'était l'Etat colonial; c'était la Belgique — tels, autrefois, Gênes, Venise ou la Batavie — se déversant outre-mer.

Ce complément, ce fut l'œuvre de la conférence géographique convoquée par Votre Majesté au Palais de Bruxelles, le 12 septembre 1876 — conférence qui devait aboutir à la création de l'Etat libre du Congo.

Roi belge ! souverain congolais ! *ce ne sont là, en somme, que titres honorifiques ou fonctions officielles.*

Mais combien plus curieuse, combien plus intéressante votre physionomie aux reflets multiples; votre âme aux prosaïques et matérielles aspirations !

Roi moderne, ultra moderne, roi homme d'affaires — et de premier ordre encore, — roi pour sociétés administratives, aux jours peut-être plus proches qu'on le suppose où, dans les conseils d'administration, on verra figurer des ex têtes royales, comme il y a, déjà, des ex-nobles. Roi capitaliste, banquier, brasseur d'affaires, très heureux de pouvoir à l'occasion jouer de la majesté du pouvoir royal, mais n'y croyant guère; Roi qui entend avant tout ne pas être embêté; Roi d'esprit cultivé, d'intelligence supérieure, à idées libérales, à tendances progressistes, qui a livré son peuple aux cléricaux, non point par conviction personnelle mais uniquement parce que ceux-ci, pour garder le pouvoir, l'ont laissé faire tranquillement ce qu'il voulait; Roi qui, volontiers, eût pris pour devise : je m'en f...! *et qui, du reste, se charge admirablement de le prouver — à la face de son peuple dont il aura, plus que tout autre, contribué à faire l'éducation républicaine; — à la face de l'Europe que plus rien guère n'étonne, qui en a vu déjà beaucoup, et qui en verra bien d'autres encore.*

Roi Belge! *par son état civil, par ses fonctions, soit. Mais Roi moderne, ultra moderne, par son caractère, par ses préférences, par ses façons de concevoir la vie.*

Roi Belge, *ayant conservé de ses promenades autour du monde un constant besoin de locomotion;* Roi Belge, *ne demandant qu'à marcher, qu'à naviguer, qu'à* chemin de ferrer, *qu'à chauffer.*

Roi Belge, *pour le moins aussi* parisien *qu'Edouard,* Notre oncle; Roi Belge, *le temps nécessaire pour expédier les affaires de l'Etat, Roi cosmopolite le reste du temps; Roi de toutes les premières, de toutes les inaugurations, de toutes les fêtes, de toutes les ouvertures de music-halls, de toutes les pendaisons de crémaillères, de toutes les coulisses théâtrales.*

Roi très belge, *soit*; *mais aussi* très parisien *que La Fare devrait bien annexer à son Tout-Paris, ne serait-ce que pour donner, aux jeunes élèves de l'art de la danse et de l'art du chant, l'adresse de ses multiples et royales garçonnières.*

Que Votre Majesté veuille bien pardonner à mon irrévérence d'homme non moins dégagé de tous préjugés; d'homme qui s'amuse à collectionner les images comme d'autres s'amusent à collectionner les maîtresses; d'homme qui trouve tout naturel que les Rois soient des êtres de même essence que les autres, qu'il est bon et salutaire qu'ils le montrent ouvertement, publiquement; d'homme qui éprouve un véritable plaisir à voir défiler en cette galerie de célébrités, des rois d'origines différentes et de physionomies multiples.

Merveilleux organisateur d'États, conquérant non pour le vain plaisir de faire flotter en l'air les fameuses couleurs — ce qu'on est convenu d'appeler un drapeau — mais pour mettre le pays en actions et s'en constituer des rentes, — Votre Majesté semble n'avoir plus, elle-même, qu'un respect bien illusoire pour l'autorité du pouvoir royal.

Elle a laissé tous les dessous de la royauté belge s'étaler devant les tribunaux avec la même indifférence qu'elle voit éclore pamphlets et caricatures.

2

Roi très libre d'un pays de libres institutions, jamais Elle n'a voulu porter atteinte à la liberté de la presse. Mais, par contre, débarrassée personnellement de toute pudeur royale, Elle ne s'est jamais attaquée au cant, *à la pudeur quelquefois exagérée de son peuple.*

Fermée à tous préjugés, Elle s'est laissée débaptiser, — pour le plus grand plaisir d'une danseuse exportant à travers le monde un des plus grands noms de la Belgique; — pour la plus grande joie d'un public que les scandales royaux amusèrent toujours au plus haut point comme si c'était, là, de l'inédit au premier chef, le fameux jamais vu.

Majesté! qu'elles soient belges, françaises, allemandes ou autres, les irrévérences du journal, du pamphlet, de la caricature ne sont point pour vous choses nouvelles.

Celles ici réunies vous indifféreront certainement. Peut-être vous amuseront-elles, un instant, un jour de grise humeur, entre Bruxelles et Paris. Elles auront, en tout cas, l'avantage de vous présenter chronologiquement la plupart des pièces de votre royal Musée de Caricatures, *un Musée qu'un souverain tel que vous, dégagé de préjugés monarchiques, devrait bien adjoindre à sa Bibliothèque Royale.*

Ce qui amusera le Roi n'apprendra certainement rien non plus à la Nation et ce ne sont point ces caricatures, images de Rire, visant la politique et surtout les fredaines de certain vieux marcheur, *bien connu de Votre Majesté, qui pourront froisser dans sa loyauté, très particulière, un peuple qui, ouvertement, vous appelle* Popold.

Une seule chose peut-être étonnera Votre Majesté, comme elle m'a toujours surpris; la pauvreté de la caricature dans un pays qui, comme la Belgique, a eu et a encore une si prodigieuse éclosion d'art.

En se séparant de la Hollande, vos sujets eussent bien dû conserver quelque chose de son merveilleux esprit de satire politique.

Par contre, quelle richesse de qualificatifs à l'égard du souverain, — Popold, *cousin de* Willy, *de* Ædi *et de* Niki !

Combien résonnent à l'oreille : Léopold le Parisien, Léopold le Congolais, Léopold l'Asiatique, Léopold le vieux marcheur, Léopold le mauvais père, Léopold roi des Belges et des Belles, *sans oublier ce qui, un temps durant, résuma tout le reste, le fameux et très célèbre* Cléopold.

Habituée aux aménités du langage politique, Votre Majesté ne s'est point formalisée de toutes les épithètes plus ou moins aimables, pas plus qu'elle n'a protesté contre la qualification d'enfant du Miracle *donnée à certain héritier... plus ou moins royal.*

Elle sait que les monarchies en ont vu bien d'autres, avant comme après le Parc aux Cerfs, *et que le meilleur moyen de faire tout ce que l'on veut, c'est de laisser dire aux autres tout ce qu'ils veulent. Une seule chose me chagrine c'est de ne point pouvoir terminer ces considérations, — très irrévérencieuses, je le reconnais, mais qui permettront une fois de plus à Votre Majesté d'affirmer son intelligence supérieure, — par ce cri qu'aimaient à lancer, jadis, les partisans du Roi, s'il faut en croire la chronique scandaleuse :*

> *Dieu protège les Belges !*
> *Cléo protège le Roi !*

Pauvre Cléo ! Pauvre de Léopold !

JOHN GRAND-CARTERET.

— Exploitation intensive panachée d'action directe.

Croquis de Henry Somm (*Le Rire*, 23 juin 1906).

Le fastueux Léopold. — « Pourquoi ne pourrais-je pas te faire de riches présents, Cléo, tu n'es point ma fille ! »

(*Wahre Jacob*, de Stuttgart, 1904.)

Léopold et la Caricature belge

L'IRRÉVÉRENCE A L'ÉGARD DES SOUVERAINS. — LA CARICATURE BELGE : SES ORIGINES. — LES PREMIÈRES SATIRES CRAYONNÉES CONTRE LE ROI. — LE « RASOIR » ET LE « FRONDEUR » DE LIÉGE. — LE PANTIN ROYAL. — LES ATTAQUES CONTRE LE ROI DEVIENNENT PLUS VIOLENTES AVEC LES AFFAIRES DU CONGO ET PAR SUITE DE SA POLITIQUE CLÉRICALE. — LIBERTÉ COMPLÈTE DES CRAYONS. — LE ROI EST MÊME ATTAQUÉ DANS SA VIE PRIVÉE. — LES « CORBEAUX ». — LE CARICATURISTE JULIO ET LE « CRI DU PEUPLE ».

I

LES temps ne sont plus — et, la Sainte Russie exceptée, furent-ils jamais à vrai dire ! — de la royauté intangible, du souverain considéré comme *personna sacra*, se mouvant en un monde spécial, hors de toute atteinte humaine.

Quel que soit le pouvoir monarchique, qu'il repose sur le principe de la tradition ou qu'il soit d'essence parlementaire, *l'irrévérence à l'égard du Souverain*, pour employer la formule allemande, se manifeste partout, sous une forme plus ou moins ouverte. Et cette irrévérence trouve, en général, sa raison d'être dans les conflits qui surgissent

entre le monarque et son peuple, dans cette sorte de désaffection qui
se produit entre eux lorsque le Souverain prétend imposer sa volonté,
et suivre une politique contraire aux aspirations du pays.

. Ce qu'on a appelé le « loyalisme » ne se présente réellement qu'en
Angleterre, et ce *loyalisme* d'essence très particulière, de forme très
spéciale, trouve sa raison d'être dans la façon dont les monarques
anglais comprennent leur rôle. Le peuple est « loyal » parce que,
« loyalement », le souverain accomplit sa fonction de monarque
constitutionnel, c'est-à-dire suit les impressions, les façons de voir,
les tendances, les désirs de ses sujets.

La caricature s'en donne à cœur joie à l'égard des princes de
Galles, lorsque, par leur façon de vivre trop expansive, ils prêtent à la
critique et à la satire : elle désarme devant le roi d'Angleterre, *parce
que Roi*. J'en ai fourni l'indiscutable preuve en classant les matériaux
destinés à l'iconographie satirique d'Édouard VII.

A l'égard de Guillaume II, la caricature ne s'est montrée qu'à
partir du jour où le Souverain, justement, a par trop laissé voir qu'il
entendait suivre une politique à lui; et que bon gré mal gré, il sau-

LE PETIT JEU DU CASSE-TÊTE

—, Une physionomie bien connue (*Le Petit Bleu*, de Bruxelles, vers 1894).

LA GALÈRE GOUVERNEMENTALE

Caricature de Boum-Kelkou (*Le Clairon,* de Bruxelles, 30 novembre 1884).

rait bien forcer le pays à le suivre dans la voie des réformes et dans
le domaine des idées préconisées par lui.

Vis-à-vis de Nicolas II la caricature n'a pu être encore, à de très
rares exceptions près — exceptions dues à des explosions révolution-
naires — que la manifestation de l'opinion publique européenne liguée
dans son ensemble contre l'autocratie sans contrôle d'un principe
monarchique désormais inadmissible pour elle.

L'attitude de la caricature étrangère à l'égard du Tsar a même
rappelé ce qui se produisit, en plus d'une circonstance, lorsque les
idées de liberté et d'indépendance, réfugiées en certains pays privilégiés, armaient les burins allemands, hollandais, anglais ou suisses,
contre les folles prétentions de la papauté ou de la monarchie française — monarchie de droit divin ou monarchie de conquête militaire,

Quand, en France, il n'était plus permis de toucher à la majesté
d'un Louis XIV, c'est la Hollande qui se fit le défenseur éloquent de

la Raison et de la Liberté impudemment foulées aux pieds — de là vint la rancune profonde du Roi-Soleil contre la petite et fière République coupable d'avoir tenu les crayons de la caricature.

Quand Napoléon Ier prétendit assujettir le monde à ses volontés, c'est l'Angleterre qui prit en mains la défense du bon sens et du bon droit, suscitant l'admirable campagne des Gillray et des Cruikshank contre le petit *Boney*.

Quand Napoléon III laissa trop imprudemment percer ses idées annexionnistes, son désir de remanier la carte de l'Europe au profit de la France, une sorte d'opinion publique se créa dans l'Europe menacée, contre la prédominance française — et c'est grâce à cela que la Prusse put mettre la main sur l'Allemagne et reconstituer à son profit le moderne Empire germanique.

Bien d'autres faits, bien d'autres exemples pourraient être invoqués. Ceux-ci suffisent à établir l'éternité du principe d'une opinion publique européenne, à tendances libérales, se manifestant et se liguant contre tout abus de pouvoir, contre toute méconnaissance trop violente des droits de la liberté humaine.

Que conclure, si ce n'est que lorsqu'elle ne peut librement se produire dans le pays même, la Caricature contre les détenteurs du pouvoir suprême ne perd point ses droits et trouve toujours un moyen pour faire entendre ses protestations.

II

Après Guillaume, après Édouard, après Nicolas, voici donc Léopold II, Léopold *le bien-aimé;* que dis-je Léopold *le trop aimé !* Après les représentants d'antiques monarchies européennes, le représentant d'une toute jeune monarchie qui n'a même pas encore fêté son centenaire. Après le deuxième empereur allemand, le deuxième roi des Belges ! Mais l'empereur allemand, c'est le roi de Prusse, le roi d'une antique monarchie; — alors que le roi des Belges n'est que le fils d'un créateur de moderne maison souveraine.

Le père, Léopold Ier, figure effacée de bon bourgeois couronné, qui

CHARGES ÉCRASANTES. — RÉFORMES ANODINES

Caricature de G. Julio (*Le Peuple*, de Bruxelles, 25 mai 1902).

donc eût pu songer à le caricaturer? Née à l'indépendance, par lui, la Belgique, décemment, ne pouvait attaquer graphiquement celui qui représentait son autonomie comme royaume. On esquissa bien, de plus ou moins humoristique façon, un Léopold Ier à la promenade, le classique parapluie sous le bras ; l'Angleterre et la France trouvèrent même un amusant *Louis-Philippe belge ;* mais là s'arrêta l'œuvre de la satire. Par la suite, ce fut vers le lion belge qu'on se tourna ; et sous le crayon d'artistes irrévérencieux, le jeune lion fringant, bien vite, se trouva transformé en une sorte de lion britannique, d'aspect bizarre, et non encore défini dans la ménagerie européenne.

Vint Léopold, deuxième du nom, continuateur de la monarchie belge. D'abord, entre le Roi et son peuple, ce furent les jours heureux de la lune de miel ; cette lune qui se passera pour l'un en dons de joyeux avènements, pour l'autre, en une très sensible augmentation des charges. L'éternelle corde sensible !

Depuis qu'à l'imberbe jeune duc de Brabant, d'allure quelque peu romantique, avait succédé un souverain pommadé, la raie au milieu du front, les favoris en côtelette, la Belgique était sous le charme. Ce jeune secrétaire d'ambassade, au profil un peu moutonnier, à l'allure gravure de mode, à la physionomie fade des Cobourg, avait bien tout ce qu'il faut pour plaire aux femmes, mais rien de particulièrement marquant pour se prêter aux exagérations, aux outrances de la Caricature.

Et puis, où étaient-ils, en cette année d'avènement 1865, les caricaturistes belges et les journaux à caricatures! Certes, il y avait Rops, Rops, le grand artiste qui, dans son journal l'*Uilenspiegel*, publiait de curieuses lithographies de mœurs, s'adressant quelquefois aux choses de l'actualité. Et il y avait même un *Charivari Belge* qui, comme son aîné de France, visait à suivre et à interpréter graphiquement les événements, mais en réalité, la caricature belge était encore à naître.

Elle prit naissance en 1868, non à Bruxelles, mais à Liége — à Liége qui semble avoir été, de tout temps, le centre de l'opposition, — avec un journal *Le Rasoir*, vrai rasoir de figaro alerte, que maniaient, non sans danger pour ceux qui venaient se placer sous sa coupe, Carlos de Badajoz comme rédacteur, Victor Lemaître comme caricaturiste — ce dernier s'intitulant, lui-même, *dessinateur-propriétaire*.

·D'emblée *le Rasoir* aspira à l'honneur de pouvoir tailler, couper, rogner, raser les beaux favoris, les belles côtelettes du Roi. Mais conduite à cela par les événements mêmes dont l'Europe était le théâtre, la caricature belge se complaisait, surtout, aux sujets de politique internationale. N'avait-on pas mis en doute la neutralité, l'indépendance de la Belgique? Et n'y avait-il pas dans l'air comme un vent d'annexion?

Ajoutez à cela la question religieuse, devenue très vivace depuis la proclamation du dogme de l'infaillibilité papale et qui, dans un pays d'opinions extrêmes comme la Belgique, devait, en peu de temps, arriver aux violences de la polémique.

Par la force des choses, le Roi ne tarda pas à se trouver visé personnellement, parce que, monarque constitutionnel, il semblait montrer une préférence marquée pour les partis d'extrême-droite.

Dès la chute du ministère libéral d'Anethan, la caricature s'attaque

L'HONNÈTE VOISIN

— Eh! là-bas, ce n'est pas la serrure de votre clef!

Caricature de G. Julio (*La Réforme,* de Bruxelles, Décembre 1903).

donc à Léopold II ; dès ce moment, il y a mésentente entre le souverain et les aspirations libérales de la nation.

Après avoir été jusqu'à l'extrême-droite, après avoir confié les destinées du pays au ministère clérical Malou, le Roi revient vers la gauche, et la Belgique qui, sept ans durant, a supporté le gouvernement des curés, vivra sept autres années sous le ministère libéral Frère Orban.

Et la conséquence de cette politique de bascule, pour Léopold II, sera qu'après avoir essuyé le feu des crayons libéraux, il aura maille à partir avec les caricaturistes à la solde des cléricaux. Houspillé par les uns, il verra son zèle assez mal récompensé par les autres.

Cependant, les caricatures les plus acerbes viendront de gauche, et se feront violentes, en ces dernières années surtout, alors que deux faits nouveaux, les affaires du Congo et les discussions, pour ne pas dire les procès du Roi avec ses filles, auront fourni aux attaques des bases plus solides.

Tout d'abord ce ne furent, en effet, que les faits et gestes habituels à tout conducteur de peuple; les incidents d'une politique au jour le jour sans grand caractère ; — série d'images caricaturales pour la vie publique du Souverain.

L'on vit ainsi, annotés, la pêche miraculeuse aux ministres, l'éternel discours du trône — ce que l'on pourrait appeler le concours de thème à l'usage des têtes couronnées — les voyages, les tournées électorales du Roi, les festivals, les distributions de croix — article également recherché de nos voisins — et tout ce qui, de près ou de loin, touche au militaire et à l'enseignement; les deux points noirs dans un pays neutre, qui doit avoir une armée assez forte pour la sauvegarde de sa neutralité et qui possède une garde civique ayant fait parler d'elle presque autant que notre garde nationale de joyeuse mémoire — dans un pays d'indépendance et de soumission tout à la fois, où la libre pensée n'entend pas se laisser étouffer par un catholicisme outré et dont tout l'avenir se trouve en cette alternative : éducation cléricale ou éducation libre de toute attache religieuse.

Et la caricature popularisa un Léopold sans grand caractère, au visage étrangement allongé, à long nez, à grande barbe, sorte de pantin royal éternellement chaussé de bottes à l'écuyère, tantôt tête nue, tantôt coiffé de la couronne ou du bicorne, à qui l'on donnera, quelquefois, comme compagnon un jeune lionceau, le lion belge.

Pantin royal ai-je dit ! n'est-ce pas l'épithète que l'on décernera à ce roi constitutionnel, « bon pour donner des signatures, accorder des audiences et décorer. »

En bon roi constitutionnel, — quoique l'on parle, sans cesse, de la *Majesté royale*, ou de *la personne du Souverain* qu'il ne faut point découvrir, — Léopold II se laissera paisiblement caricaturer dans ses actes et dans sa vie publique.

Car durant toute cette première période — et ceci est à retenir —

CUISINE CONGOLAISE

— ..... Et ces têtes de nègres, à la française, vous les digérez bien, master John ?
— Voilà, Sire ; un plat présenté avec la garniture que vous voyez, se digère malgré tout !

Caricature de G. Julio (*La Réforme,* de Bruxelles, 26 février 1903).

c'est, non pas l'homme, mais le monarque que l'on visera ; le roi des Belges, le personnage politique.

Chose non moins caractéristique, sur le terrain de la politique internationale, la caricature le poursuivra impitoyablement de ses traits chaque fois qu'elle le verra se rapprocher de l'Allemagne ou se laisser prendre aux avances de Bismarck, et ceci indique que la sympathie des crayons belges va de préférence à la France. Est-ce que *Le Frondeur,* successeur direct du *Rasoir,* de Liége, ne le représentera pas en plusieurs circonstances, coiffé du casque prussien, ce casque pour lequel Cobourg Ier, je veux dire Léopold Ier, son père, avait une aversion qu'il ne cachait point.

Ainsi, dès 1870, les Belges ne se faisaient point faute de critiquer les actes de leur souverain par le canal de petites feuilles locales venant de Liége, de Gand ou d'Anvers, plus rarement de Bruxelles ; — et

cela en des compositions correctes, mais froides et vieillottes, auxquelles manque ce je ne sais quoi, ce rien, cette note d'art qui fait
alors de la caricature le plus redoutable instrument de combat qui soit.

Certes je ne voudrais point être désagréable aux Belges qui se sont
montrés, en maintes circonstances, artistes de premier ordre, mais
réellement ces journaux sentent encore la petite feuille de province
lithographiée et même autographiée.

Tout cela ne vit pas : c'est, uniquement, du pamphlet au trait.
Tels nos reporters suivant les Présidents de la troisième République à
travers la France; tels furent, en réalité, ces annotateurs graphiques à
l'égard du Roi donnant par leurs caricatures une sorte de compte
rendu humoristique des faits et gestes de Léopold II.

C'est ainsi que par eux on peut le suivre dans ses villégiatures et
dans ses voyages électoraux; une année à Anvers, une autre à Gand,
une autre à Liége ou à Bruges, à moins que ce ne soit à Seraing, et à
Huy; — série de petites vignettes souvent plus mordantes par les
légendes que par le dessin.

A Seraing, ce sera un monument dont le roi devait poser la première pierre. « Mais les princes de l'industrie », lit-on dans *Le Rasoir*,
« ont voulu compléter l'éducation du Roi et ils l'ont enfermé pendant
trois heures dans les ateliers pour lui dévoiler les mystères de l'aciérie.
A l'heure qu'il est, Léopold peut exercer les professions de maçon et
de mécanicien. »

A Huy, il s'agira des fêtes d'une Notre-Dame qu'on promène tous
les sept ans, qui descend des hauteurs de la Sarthe pour faire un tour
en ville.

A Gand, ce seront des voyages répétés dont l'écho se retrouve
dans toutes les petites feuilles d'étudiants.

En réalité, quoique le Roi fût mis en scène plus ou moins respec-
tueusement, cela n'était pas encore bien méchant.

A partir de 1884, c'est-à-dire à partir des affaires du Congo et de
la fameuse loi scolaire, tout changera.

Cette fois, et dès ce moment, il y a réellement rupture entre le
Souverain et une partie de son peuple.

* *La dernière farce de mon oncle*, c'est l'enfant de la baronne de Vaughan, l'enfant dont il serait le père et qui donnera lieu, à Vienne, à plusieurs caricatures reproduites plus loin. Le personnage qui regarde par le trou de la serrure est l'héritier de la couronne, le prince Albert, neveu de Léopold.

(*La Trique*, de Bruxelles, 17 Décembre 1905.)

III

Parcourez les caricatures ici reproduites, — lisez les articles qui les accompagnent — caricatures et articles du *Rasoir*, du *Frondeur*, du *Gourdin*, du *Flirt*, du *Zwanzeur*, de *La Trique*, des *Corbeaux*, jusqu'au tout récent et déjà disparu *Cri du Peuple* — et vous serez surpris de voir avec quelle rapidité images et littérature ont monté de ton.

Quand on voit ces *Léopold-Girouette*, ces *Léopold dansant*, le balancier en main, sur la corde raide, ces *Léopold-mannequin*, ces *Léopold boîte à musique*, ces *Léopold sifflé* — oui, sifflé comme un mauvais ténor du théâtre de la Monnaie! — on est réellement surpris que monarque et monarchie soient encore debout.

Roi de carton, roi de coulisse, roi de mardi-gras, qui l'appelle ainsi? Sans doute quelques organes de l'étranger qui ont intérêt à voir la monarchie belge disparaître? Non point : des Belges, les descendants de ceux qui allèrent offrir la couronne à son père.

Pour son cinquantenaire (1885) le *makoko bruxellois* — l'épithète est du *Frondeur* — se voit traité de façon particulièrement irrévérencieuse. Son cinquantenaire! Lisez *cinquante ans d'existence passés dans l'oisiveté, aux dépens des bons Belges.*

Qu'est devenu le respect dû au Roi?

Aussi, pourquoi s'est-il fait « le domestique des Jésuites »?

« Qu'on nous donne une griffe, un tampon, cela remplacera avantageusement le Roi! Pour cent sous nous aurons quelque chose de très bien! » Voilà ce qui s'écrit, se lit et se colporte.

De là à demander la suppression de la royauté, il n'y a qu'un pas. Assurément, si on laissait faire *Le Frondeur,* de Liége, la chose serait bien vite réglée. Monarque et monarchie disparaîtraient en un tour de main.

Et voici — ce qui ne va pas contribuer à remettre les choses d'aplomb — les affaires du Congo, ce superbe *plum-pudding* aux raisins noirs, que Léopold découpe avec maëstria devant les Souverains attablés, émerveillés d'un tel morceau.

Le Congo! « Il n'y a pas à dire, » affirment certains organes satiriques avec le plus grand sérieux, « ce bon diable de roi des Belges avait pris ses mesures pour se faire proclamer roi du Congo... », pour fourrer la Belgique dans les tripotages africains, de façon que

BILAN DU GOUVERNEMENT
RÉACTIONNAIRE

Le Roi. — Général, laissez hurler les contribuables. Il me faut 100 millions pour les forts d'Anvers.

(*La Trique,* 13 mai 1906.)

A LA HAYE

Popol à Auguste Bernaërt. — Allons, Gugusse, prends tes véritables jouets !
Caricature de G. Julio (*Le Cri du Peuple*, de Bruxelles, septembre 1907).

* Bernaërt, le célèbre homme d'État, était délégué de la Belgique à la conférence de La Haye.

les deniers des contribuables puissent combler les vides creusés dans les caisses royales par les affaires africaines. » Le Congo ! « comme l'entreprise est détestable, il voudrait bien la faire endosser au pays ».

Le Congo qui nous vaudra *Léopold le Congolais* et le *roi du savon* ; le Congo qui deviendra la bête noire des libéraux et des membres de l'opposition, le Congo qui, suivant l'appréciation de M. Pierre Mille, sera pour la Belgique quelque chose de fort analogue à l'affaire Dreyfus. « Il y fut longtemps considéré comme une trahison de dire que le roi Léopold et ses agents avaient commis et commettaient tous les jours, au Congo, des crimes qui outrageaient l'humanité et que ces crimes

étaient non l'acte de quelques individus déséquilibrés, mais le résultat
d'un système. Pour la majorité des Belges, les accusateurs du roi
Léopold de Belgique étaient payés par les marchands de Liver-
pool. »

Dès 1885, les journaux satiriques, par des images et des articles,
signalaient les atrocités de la *farce du Congo*, cette œuvre de civilisation
mensongère qu'un homme de réelle valeur, M. Félicien Cattier, professeur à l'université de Bruxelles, se chargera, en ces dernières années,
c'est-à-dire en 1905, de montrer sous son vrai jour.

N'est-ce pas M. Cattier qui, après avoir donné la liste de toutes les
propriétés foncières achetées par le Roi avec sa fortune congolaise,
lance et précise contre le Roi cette grave accusation :

« Enivré, dit-il, par l'absolutisme congolais, grâce auquel il a pu
façonner le Congo selon son génie particulier, le roi a senti lourdement
les entraves du gouvernement représentatif. Il a secoué le joug du
Parlement au détriment des indigènes d'un territoire dont la superficie
égale près de dix fois celle de la Belgique... Le domaine du Congo a
fourni les fonds nécessaires pour endormir la conscience nationale. »

Or, dès 1885, est-ce que le *Frondeur* n'avait pas écrit : « ceux qui
vendent du caoutchouc, sont des voleurs ; ceux qui en achètent sont
des recéleurs. Le caoutchouc appartient au Roi ; c'est lui seul qui a le
droit d'acheter à vil prix des millions de défenses d'éléphants pour les
revendre ensuite à bon prix. »

Le Roi ! ce n'est même

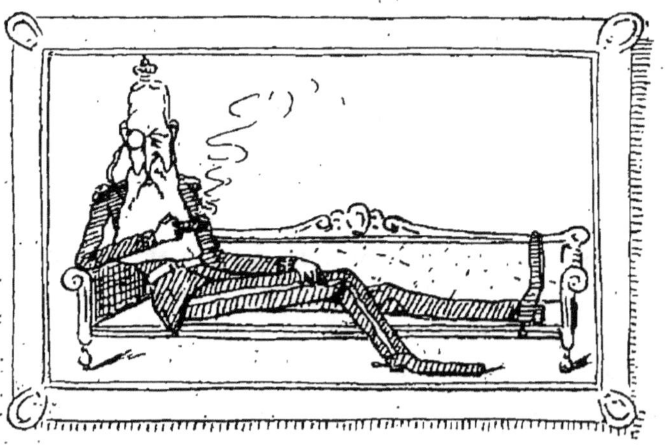

— Vignette de *la Trique*, de Bruxelles (1906).
Caricature du tableau officiel du Roi.

L'ANNEXION DU CONGO

Léopold II à la Belgique. — Je pose zéro et je retiens tout.

Caricature de G. Julio (*Le Cri du Peuple*, de Bruxelles, 15 septembre 1907).

plus *Léopold le Congolais*, c'est *Léopold le Caoutchoutier; c*'est M. *Léopold,
directeur souverain de la Société pour l'exploitation de l'Afrique centrale.*

Ce ne sont pas des Français, encore moins des Anglais de Liver-
pool qui s'expriment ainsi — car on les accuserait de secrètes visées
sur le Congo — ce sont des Belges.

« Grâce à l'argent du Congo, le Roi a pu acheter et endormir la
conscience nationale. » Si ce sont les termes dont s'est servi M. Félicien Cattier, il n'avait pas été le premier à en user. Il suffira de regarder l'image et de lire l'article du *Frondeur*, daté 14 mars 1885 :
« Les nègres belges donnant au futur roi du Congo une idée de l'aplatissement des hommes. » Dès cette même année 1885, du reste, un

organe satirique, *le Moniteur du Congo* (fondé le 1ᵉʳ juin) rappelait à la pudeur Léopold de Saxe-Cobourg s'amusant à recevoir, au palais de Laeken, des « moricauds de foire » et le montrait avec son cortège de parasites, de flatteurs, de faux savants, d'aventuriers.

« Ce qu'il faut à Popold II, empereur du Congo, c'est du caoutchouc, encore du caoutchouc, toujours du caoutchouc; ce n'est plus un Roi ordinaire, c'est un Roi-caoutchouc. » Voilà ce qui se pourra lire en .1905, dans un article de *La Réforme*.

Et pour la caricature belge il n'y a pas seulement le *Roi-Caoutchouc*, il y a encore le *Roi-commerçant*, le *Roi-financier;* le Roi qui trafique avec Bismarck affaires de chemin de fer, le Roi qui, avec son excellent copain, le baron Empain, spécule sur l'*électrique Bruxelles-Anvers*.

C'est la fin de tout, allez-vous dire : la fin du respect, la fin de la monarchie belge. Attendez : — vous en verrez bien d'autres.

Depuis longtemps, profitant de toutes les fautes commises par Léopold, un parti a pris naissance, à l'extrême gauche du libéralisme qui, faisant cause commune avec le socialisme, ne cache plus ses sympathies républicaines.

Peut-être aura-t-on peine à croire que, dans une monarchie, sous les yeux mêmes du monarque, des placards aient pu être affichés avec le titre : *Pyramide à renverser*, alors que, le haut, la tête de cette pyramide, se trouve figuré par le buste même du Roi, et cependant, rien n'est plus exact.

Pyramide à renverser s'affiche librement.

Faut-il en conclure que l'on est, sous ce rapport tout au moins, plus libre en Belgique qu'en France? Peut-être.

Chose singulière, la caricature belge qui secoue vivement son souverain, qui s'élève contre les compromissions, contre les aventures auxquelles il voudrait associer le pays, jusqu'à ces dernières années ne quitta pour ainsi dire pas le terrain politique. Elle avait critiqué le Roi tout d'abord, dans son rôle parlementaire, dans sa façon d'interpréter la Constitution, dans la recherche de ses alliances, dans ses ambitions congolaises : plus tard, c'est-à-dire en 1905, elle le représentera une fois encore, prenant parti pour le *projet militaire* (service personnel et obligatoire) contre l'opinion publique qui penche pour le *projet*

L'ÉLÉPHANT CONGOLAIS

Popold à la Baronne : — La Constitution? Voilà ce que j'en fais, moi.

Caricature de G. Julio (*Le Cri du Peuple*, de Bruxelles, 29 septembre 1907).

maritime, voulant, par la force, faire avaler au pays la pilule des forts d'Anvers et ses 300 millions; elle le montrera agenouillé devant l'épiscopat, au *Te Deum* de Sainte-Gudule, ou bien posant la première pierre de la basilique de Kockelberg, ce *Sacré-Cœur bruxellois;* — mais sur l'aventure *mérodienne,* sur cette amusante histoire féminine qui a toutes les allures d'une *zwanze* bruxelloise, et qui se prête si facilement à la blague, elle ne soufflera mot. On peut même dire qu'à quelques exceptions près, elle a gardé le plus complet silence sur toutes ces affaires de femmes qui vont constituer le fond de la caricature européenne et populariser partout le profil du nouveau roi vert galant.

Même remarque pour les affaires intimes du souverain, pour ses procès avec ses filles, pour ces histoires scandaleuses jetées en pâture à la curiosité publique de tous les pays.

J'ai dit : *à quelques exceptions près*.

Les exceptions, les voici :

Le 22 août 1885, le *Frondeur* nous montrera Popold, le monocle à l'œil, se préparant à piquer une tête dans l'Océan. « Enfin, je vais pouvoir un peu me livrer à des occupations sérieuses » porte la légende de l'image sur laquelle une femme figure à ses côtés.

Le 30 septembre 1888, dans l'article du *Gourdin* (fondé à Bruxelles en 1885) relatif à la visite de Popold à Bismarck, il est question de Hiéhiette et de Marguerite, et l'auteur de l'article place cette remarque dans la bouche du chancelier allemand : « Popold, je te l'ai déjà dit, ce sont les femmes qui te perdront. »

Mais, ces deux citations enregistrées, il faudra attendre jusqu'en 1905 pour voir la caricature faire quelques incursions dans ce domaine de l'intimité féminine et familiale où, jusqu'alors, elle n'avait pas estimé devoir pénétrer.

Les Corbeaux, une vaillante feuille qui était à Bruxelles avant d'élire domicile à Paris ; qui fut belge avant de se déclarer française, se fit un malin plaisir de représenter par de suggestives images l'amour voué par *le plus parisien des Belges* au *sacré-cœur... des Parisiennes*. Et les mêmes *Corbeaux*, chose qui ne s'était pas encore vue chez nos voisins, mirent le Roi en présence de ses filles. Ceci se passait en 1905.

Cette fois, il semble que la mesure soit comble.

Attendez : voici mieux. En juillet 1906, *Le Peuple*, de Bruxelles, journal socialiste qui a pris la place de *La Réforme* longtemps si vaillante, publie sous la signature d'un de ses rédacteurs, Jules Lekeu, une suite d'articles qui seront réunis en brochure sous le titre de : *L'histoire d'une favorite. Le scandale Vaughan et consorts à la Résidence Royale.*

Autant l'affaire Cléo de Mérode était restée pour l'imagerie lettre morte, autant « la Dubarry belge » va prendre une place importante sous la plume des écrivains et sous le crayon des dessinateurs.

La Dubarry belge ! « La mouche d'or qui bourdonne autour de la

LE NOUVEAU PRÉSOMPTIF

— Ça te la coupe, hein, Albert!

Caricature de G. Julio (*Le Cri du Peuple*, de Bruxelles, 27 octobre 1907).

décadence d'un règne et de la corruption d'une époque ! » Caroline Vaughan, dont les royales et nomades amours feront jaser tout Luchon, tout Cologne, tout Wiesbaden, qui prendra un malin plaisir à se faire afficher à Ostende, à se montrer à Laeken même ! Caroline Vaughan, la mère de l'*enfant du miracle*, cet enfant que Léopold voudrait voir régner sur la Belgique et qui, justement, sera la cause de toutes les attaques graphiques dirigées contre le Roi.

Quelles insultes, désormais, ne se permettra pas la caricature à l'égard du très gracieux et très prestigieux souverain *S. M. Cobourg-Vaughan* « deuxième du nom et du petit coucher », *époux morganatique de la Gigolette du Heysel*, ex-coureuse du Palace-Hôtel, traitée comme jamais reine ne fut traitée — surtout en Belgique.

Popold marchand de caoutchouc et d'ivoire, c'est, dit-on, le qualificatif qui lui fut octroyé par son impérial cousin, Guillaume II, et c'est le titre que se plairont à lui donner de préférence les satiristes. *L'or et le sang du Congo. — Vingt millions pour une courtisane. — Les orgies de l'Africain.* Autant de titres ronflants qui se pourront lire en tête d'articles indignés conduisant tous, plus ou moins, à cette conclusion :

« Ne dites pas que nous faisons au roi un crime d'avoir pris une maîtresse ; nous l'accusons de se dresser, au déclin de sa carrière, comme le vivant symbole de l'immoralité publique et nous lui reprochons encore de payer ses folies séniles, non de ses deniers, mais des nôtres ! »

« Entre lui et le baron de Vaughan on hésite : celui-ci se traîne aux crochets d'une gourgandine ; le roi s'amuse au compte de la Nation. »

Et tout cela — on ne saurait trop le répéter, puisqu'on accuse le roi d'avoir instauré en Belgique, contrairement à l'esprit de la Constitution, une sorte de pouvoir personnel — s'imprime, se vend et se colporte librement. Pouvoir personnel quelque peu *j'm'en foutiste*, il faut le reconnaître, puisque le roi lui-même, à ceux qui lui mettent sous les yeux ce paquet d'injures graphiques, ne cesse de répondre *je m'en f...* « Je m'en f... » conclusion peu ordinaire, peu parlementaire, mais cadrant admirablement avec le caractère de ce monarque ultra-moderne. Et l'on est en droit de se demander si ce *j' m'en foutisme* n'est même pas la seule et unique raison de la liberté laissée aux satiristes et aux caricaturistes.

Voici les dernières attaques ; voici la dernière étape. *Le Cri du Peuple*, journal genre *Cri de Paris*, qui six mois durant — c'est le grand maximum pour un organe caricatural belge — a « retenti toutes les semaines », suivant ses propres expressions et, par le crayon de Julio, l'ancien collaborateur graphique de *La Réforme*, a donné les caricatures les plus artistiques et les plus violentes, à la fois, qui aient été jamais publiées. Julio, artiste de grande envergure, au crayon habile, à la pensée féconde et variée, dont on n'a pas oublié les « suites » admirables lors de l'affaire Dreyfus, lors du puffisme Thérèse Humbert ; Julio en qui j'étais heureux de saluer, il y a quelques années déja, le *Caran d'Ache de la Belgique.*

LÉOPOLD II EST ARRIVÉ EN BELGIQUE

— A quelle heure repart le train pour Paris ?

Caricature de G. Julio (*Le Cri du Peuple*, 10 novembre 1907).

Feuilletons donc ce *Cri du Peuple* qui, quelque jour prochain, sera recherché comme document pour l'histoire de la chute de la monarchie belge ; ce *Cri du Peuple* qui s'ouvre par une caricature admirable de hardiesse et d'à-propos satirique : *Léopold* en *Manneken-pis national.*

arrosant la souveraineté populaire. *Manneken-pis* en roi, en souverain couronné. Un nouveau costume, peu ordinaire, pour le plus ancien bourgeois de Bruxelles qui, jusqu'à ce jour, aux époques de fêtes, ne se laissait voir qu'en garde civique 1830 et en tenue de procession. Il est vrai que, jadis, Louis XV lui avait octroyé le droit de porter l'épée et lui avait conféré la croix de Saint-Louis. Après tout, l'avenir ne nous réserve-t-il pas un *royal Manneken-pis*, p... sur la Constitution en souvenir des hauts faits du roi Léopold !

En attendant, feuilletons le *Cri du Peuple*. Voici *le soliloque du roi Congolais*.

> J' veux bien donner le Congo, je suis à bout,
> Mais ne me prenez pas pour une gourde,
> J' poserai zéro et je retiendrai tout.
> Toujours content, jamais malade.
> Je r'prends d'un coup ce que donne l'autre main...
> A moi la poire, vous gard'rez le pépin.

Voici *Saint-Léopold ;* voici *Ne t'en va pas, Popol ;* voici *Le nouveau prince royal :*

> Près de Bébeth, en rongeant son dépit
> Le prince Albert va faire une sale tête,
> S'il croit que je vais renier mon petit
> Pour ses beaux yeux, je ne suis pas si bête.

> ×

> Au moins je prendrai la précaution
> De le nantir de quelques bonnes rentes,
> Ça vous épargne une dotation,
> Tant pis si mes filles ne sont pas contentes.

Voici *les diamants de la couronne* « acquis par un vieillard richissime » qui a décidé d'en faire les enjeux d'un concours international de beauté et dont la pièce capitale, *diadème forme couronne*, offert par la ville de Bruxelles, a été décernée à l'unanimité, avec félicitations du jury, à la baronne Caroline Vaughan. Un post-scriptum porte : « Pour éviter tout commentaire malveillant, disons que l'acquéreur n'est pas le père des princesses qui ont autorisé la vente publique. »

LES BIJOUX DE LA PRINCESSE — LA PROPOSITION TERWAGNE

— Pleure pas, Louise, ton père te les refuse, je te les apporte.

Caricature de G. Julio (*Le Cri du Peuple,* de Bruxelles, 24 novembre 1907).

Ne t'en va pas, Popol! voilà la chanson que chantent tous les partis, car, à peine arrivé, Popol demande l'heure du train pour Paris.

Visite royale.

(Air : *Au revoir et merci.*)

1

L'autre matin, à la baronne,
Popol dit en s' grattant les cheveux :
« On me réclame, elle est bien bonne,
Dans mon pays, un jour ou deux.

Paraît que pendant mon absence,
Les adversaires du Congo
Veulent me rogner ma subsistance.
Pas d' ça, Lisette, j'y trotte tout de go. »

REFRAIN

Au r'voir et merci,
Merci, merci.
J'y vais d'un pas leste,
Mais l' baron te reste.
Au r'voir et merci,
Merci, merci.
Demain, je reviens ici,
Au r'voir et merci.

II

Vite il prit au guichet d' la gare,
Un ticket d'aller et retour,
Puis il convoqua dare dare,
Tous ses ministres et gens de cour,
Leur dit : Messieurs, il vous faut prendre
Mon p'tit projet sans hésiter,
Sinon je vous engage à rendre
Le tablier, et j' pourrai vous chanter :

REFRAIN

Au r'voir et merci,
Merci, merci.
De votre réussite,
Je vous félicite.
Au r'voir et merci,
Merci, merci.
Bien heureux d' vous voir partis,
Au r'voir et merci.

III

Et si mon populo se fâche,
S'il se rebiffe, le Parlement,
Pas tant de chichi, je le lâche.
Avant d'être roi j' suis amant,
A tes pieds, ô ma douce aimée,
Je r'tournerai, oui, pour toujours.

Que l' prince Albert ait la corvée,
Moi j' leur tiendrai ce tout dernier discours :

REFRAIN

Au r'voir et merci,
    Merci, merci.
J' rentr' chez ma poulette,
J'ai votre galette,
Au r'voir et merci,
    Merci, merci.
Vous êtes content, moi aussi,
Au r'voir et merci.   ASINO.

Popol, ne t'en va pas! C'est le cri du jour chez nos voisins; c'est le jouet de l'année 1908. Et cela continue, et cela commence à prendre des proportions inattendues.

Popol ne veut pas rester, Popol est atteint de la grande maladie du siècle, *la maladie de la locomotion*. Tous les jours, ne lit-on pas dans les journaux : « le Roi est rentré aujourd'hui de Paris à 6 h. 30 », et le surlendemain « le Roi est reparti aujourd'hui à 12 h. 55 pour Paris ».

O Roi voyageur, ô Roi mouvement perpétuel!

« Royal chemineau! » Lancé à la tribune belge par le leader socialiste, M. Vandervelde, le mot a *cheminé;* le mot a fait fortune et la caricature s'en est emparé. Il y a loin du *paisible pêcheur à la ligne de* 1871 au *royal chemineau de* 1907.

C'est que le monde, lui aussi, a marché; c'est que le Belge, de sa nature peu gobeur, le Belge qui a son sac plein de *ʒwanʒes* et de fantaisies « marolliennes » commence à *la trouver mauvaise,* et avant peu peut-être, donnera raison aux caricatures et aux satires rimées de ces précurseurs qui furent *Le Rasoir, Cadet-Roussel, le Frondeur, le Gourdin, la Trique, les Corbeaux, le Cri du Peuple;* qui furent aussi toutes les petites feuilles à étudiants, plus ou moins éphémères, de Liége ou de Louvain, dont nul en France ne connaît l'existence, et dont les irrévérences constitueront, quelque jour, des dates, des points de repaire pour l'histoire de la chute de la monarchie chez nos voisins.

Car si la monarchie belge peut encore exister comme forme gouvernementale, elle paraît être bien discréditée dans l'esprit public.

.Et puisque c'est une page d'histoire que nous écrivons, ici, à
l'aide de ces satires crayonnées et rimées, il est bon de donner
comme conclusion les paroles prononcées le 11 décembre 1907, à la
Chambre belge, par M. Vandervelde, paroles qui confirment ce que
les caricatures exposaient si bien en leur langue imagée :

Que ce soit en Italie, en Angleterre ou dans les pays scandinaves, a dit le
député, nous voyons les rois faire un effort très apparent pour ressembler
à des Présidents de République héréditaires — il m'est permis d'emprunter
cette expression à l'un de nos plus éminents collègues — pour se faire pardonner d'être de leur métier.

Les uns se recommandent par la dignité parfaite de leur vie, les autres, tout
au moins, s'attachent à sauver les apparences. Les uns sont des pères et des
maris irréprochables : les autres ont la pudeur de voiler les misères de leur vie
de famille.

Je ne veux point parler ici des faits qui, depuis longtemps, alimentent la
chronique scandaleuse de certains journaux bien pensants. Ce sont là des
choses de la vie privée : elles ne relèvent de l'opinion — sévère ou railleuse —
que dans la mesure où des manifestations, volontairement tapageuses, les font
tomber dans le domaine public.

Je ne dirai rien non plus du pénible spectacle que donne en ce moment au
pays une famille divisée, dont les filles éloignées ou chassées du foyer paternel,
disputent à leurs créanciers les dépouilles de leur mère. Cela ne nous regarde
pas : c'est l'affaire du juge des référés ou des honnêtes gens qui s'apprêtent à
payer une seconde fois les bijoux donnés jadis par les Belges.

Mais ce qui me regarde, ce sont les conceptions nouvelles qui tendent à
s'introduire dans la plupart de nos institutions constitutionnelles : ce sont les
tentatives qui se répètent de fonder, aux dépens de la souveraineté nationale,
un pouvoir personnel dont le titulaire, presque toujours absent, véritable chemineau royal, perd de plus en plus le contact avec ceux qu'il prétend gouverner.

Conclusion donnée par l'image (c'est la Belgique qui s'adresse au
Roi) : « Si je me paye le luxe d'un Roi, c'est pour l'avoir chez moi à
mon service, et non au dehors, au service des autres. »

Dernier avis au *Royal chemineau*. A plus de cent ans de distance,
l'histoire va-t-elle nous redonner l'affaire de Varennes? Les Belges
vont-ils nous donner le spectacle d'un peuple allant arrêter le train ou
l'auto de son Souverain pour lui faire réintégrer son *domicile constitutionnel* et, conséquemment, légal?

PÊCHE EN EAU TROUBLE

— Si je ne réussis pas mieux que la dernière fois, je passe sur la rive gauche.

Caricature de V. Lemaître (*Le Rasoir*, de Liége, 17 décembre 1871).

* Le ministère clérical, violemment menacé depuis longtemps, venait d'être renversé et il s'agissait de lui trouver pour remplaçant un autre ministère de droite.

— La petite, Seraing, Huy, Gand, je suis éreinté. Si cela continue, maréchal, j'envoie ma couronne au diable !

Caricature de V. Lemaître (*Le Rasoir*, de Liége, 25 août 1872).

* *La petite*, c'est la petite princesse, la dernière fille du roi, venue au monde le 30 juillet 1872, « après s'être fait énormément tirer l'oreille ».

A PROPOS DES FÊTES
DE SERAING ET DE HUY

A PROPOS DES FÊTES
DE SERAING ET DE HUY

1. — Il paraît, bonne femme, que c'est l'année aux filles.

— Dame, Sire, on ne fait pas ce que l'on veut.

— Hélas ! à qui le dites-vous ?

2. — Après tout, si cela l'amuse de faire de la décoration, les peintres seuls pourraient s'en formaliser.

* Allusion à la remise des décorations par le Roi.

3. — Ce sont des spécimens hutois.

— Je comprends que votre ville soit fière de ses enfants.

Croquis publié par *Le Rasoir* (25 août 1872).

LA BELGIQUE IMPLORANT UN DISCOURS DU TRÔNE

La Belgique. — Comment, Sire, pas le plus petit discours du Trône, rien de rien ?
Popold. — Que diable voulez-vous que je dise ? Que mon ministère emb... le pays ?
Vous le savez aussi bien que moi, parbleu !

Caricature de V. Lemaître (*Le Rasoir,* de Liége, 17 novembre 1872).

* Le ministère alors au pouvoir appartenait à l'opinion cléricale et avait pour chef le célèbre
Malou.

LE PAVÉ DE BRIALMONT

(*Le Rasoir,* de Liége, 17 novembre 1872.)

* Le général Brialmont, une des autorités militaires de la Belgique, avait proposé la suppression de la garde civique en une brochure qui fit alors quelque bruit. La garde civique est, on le sait, la base même de l'organisation militaire belge.

— Dans toutes les monarchies, les rois sont richement dotés, eux et les leurs. Il y a cent sous à parier qu'en Belgique le roi, qui a doté les arts, dotera lui-même la princesse.

Caricature de V. Lemaître (*Le Rasoir*, de Liége, 8 février 1875).

* Caricature faisant allusion au mariage de la fille aînée de Léopold, la princesse Louise, avec le prince de Saxe-Cobourg et Gotha, mariage effectué le 4 février 1875 et qui ne fut pas longtemps heureux, comme on sait.

Caricature de May (*Cadet-Roussel,* de Liége, 3 juin 1877).

* La distribution des décorations à propos des fêtes royales, à Liége. On voit grimper tous ceux qui aspirent aux faveurs royales dans l'ordre civil et militaire.
Les noms qu'on lit au bas, Michel et Kirsch, appartenaient au monde littéraire et musical. Joseph Michel était directeur du Conservatoire d'Ostende.

DISCOURS DU TRÔNE!!

Caricature de Lapierre (*Le Frondeur,* de Liége, 7 novembre 1880).

* Léopold, pour rendre plus animée la séance solennelle de réouverture des Chambres, a mis en musique les différentes parties de son discours et choisi des airs distincts autant que connus, du reste, pour chaque phrase. Le rédacteur du *Frondeur* « qui a ses entrées partout » et qui, quoi qu'on puisse dire, « est très bien vu à la Cour », a pu arriver à sténographier, comme suit, les paroles du discours chanté par le Roi :

Sur l'air de la chanson de Maître Corbeau.

Messieurs les sénateurs, messieurs les députés,
En ce jour solennel nous sommes arrêtés
Par la peur de donner à nos sujets fidèles
L'occasion de trouver un sujet de querelle.
     Sur l'air du tra
       Tra la la
     Sur l'air du tra
       Déridéra.

Sur l'air de l'avêve vïyou passé.

De mon gouvernement, messieurs, la volonté
C'est, puis qu'gna des lois, de les faire respecter.
     Ha, ha ha, Bernaert,
     Ton nez s'est allongé.

Sur l'air de : Il pleut, bergère.

     Nous allons donc réduire
     Les traitements du clergé,
     S'il veut encore nous nuire
     Et nous faire enrager.
     Archevêque ou vicaire,
     Chanoine ou bien curé,
     N'pourons plus traiter Frère (1)
     Comme un fils de portier.

Sur l'air de : Rien n'est sacré pour un sapeur.

     Tout n'est pas rose dans l'minis-t-ère
     On a bien des em ....dements en.
     Et qu'on a d'mal à satisfai'-ai-aire
     Tous ceux qui d'mandent un bout d'ruban
     Et s'aplatissent comme des z'harengs.
     Aussi, pour ne pas leur déplai-ai-aire,
     J'propose à mon gouvernement-en
     De faire des croix en pommes de terre
     Et d'en donner cent mille par an.

CLAPETTE·

(1) Frère-Orban, alors ministre et président du Conseil.

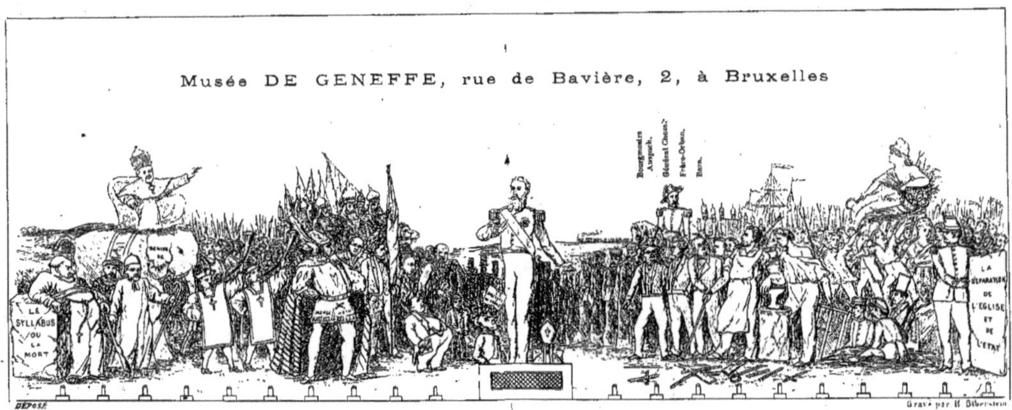

COPIE DU TABLEAU : LE DISCOURS DU TRÔNE. — Gravé par H. Bibenstein.

* Qu'est-ce que le *Musée de Geneffe?* Ceux qui connaissent Bruxelles se poseraient, certainement, la question, comme je me la suis moi-même posée, ne voyant dans la capitale de la Belgique aucun établissement public répondant à ce nom. Assurément, ce ne pouvait être ni un Musée d'État, ni un Musée provincial, pas même un Musée communal. Alors quoi ! un Musée offert par un particulier à l'État et portant son nom. Pas plus. Ce *Musée* qui n'existe plus, du reste, était en réalité un cabaret décoré, comme il en fut de tout temps, soit en Allemagne, soit en Belgique, bien avant que le gentilhomme-cabaretier, j'ai nommé Rodolphe Salis, ait eu l'idée de son *Chat Noir*. Et j'ajoute que les Bruxellois eux-mêmes ouvrent de grands yeux quand on les questionne sur l'existence du fameux Musée. Heureusement Bruxelles a des historiens, des curieux, des chroniqueurs et voici ce que veut bien m'apprendre à ce sujet mon savant confrère, M. Henri Hymans, conservateur en chef de la Bibliothèque royale. « Mes recherches établissent qu'en 1874-1878, un cabaretier du nom de E. Degenaffe était établi rue de Bavière, 2. Le quartier de la rue de Bavière était, et est toujours, celui de la démocratie. Rue de Bavière était situé naguère la maison du Peuple, aujourd'hui transférée dans le voisinage. Bref, tout me porte à croire que le *Musée de Geneffe*, inconnu dans l'histoire, était établi chez le cabaretier de ce nom. Y eut-il jamais une peinture d'un *Discours du Trône?* Cela me paraît douteux. »
Quels sont, d'autre part, les nombreux personnages qui figurent sur cette planche? J'ai soumis l'original à plusieurs Belges notables, députés, journalistes et autres, très au courant des affaires de leur pays, et l'on verra que quelques personnalités seulement ont pu être identifiées. Ce que l'image laisse voir clairement, c'est le groupement des deux partis qui depuis tant d'années se disputent le pays et s'arrachent, à tour de rôle, le pouvoir : à gauche les cléricaux, à droite les libéraux. — A gauche le Syllabus, le denier de Saint-Pierre, les moines et les prêtres, toute la ferblanterie d'un moyen âge de parade. A droite la Belgique libérale et progressiste, la Belgique industrielle et commerçante; celle qui a fait 1830 ; celle qui, depuis si longtemps, demande la séparation de l'Église et de l'État. Et le roi semble beaucoup promettre aux uns et beaucoup attendre de la patience et de la *loyauté* des autres.

— Ah! si papa voyait ça, tra la la!

Caricature de V. Lemaître (*Le Frondeur*, de Liége, 1884).

* Allusion à certaines sympathies prussiennes affichées par Léopold II.

(*Le Frondeur*, de Liége, 16 août 1884.)

* Caricature faisant allusion à la manifestation populaire du 10 août, organisée par la petite bourgeoisie et le peuple, contre le ministère clérical nommé le 16 Juin.

(*Le Frondeur*, de Liége, 30 août 1884.)

* A propos de la *Société pour l'exploitation de l'Afrique centrale*, présidée par le Roi. « Pourquoi le roi reste-t-il à la tête de cet autre État aux risques de faire entrer la Belgique dans des complications internationales et au mépris des prescriptions de la Constitution belge? »

SUR LA CORDE RAIDE

(*Le Frondeur*, de Liége, 6 septembre 1884.)

* Cette caricature, comme beaucoup d'autres, vise la fameuse loi scolaire que le ministre Malou fit voter par les Chambres, et qui fut l'origine de la « désaffection » du peuple pour son souverain.

MODÈLE DE GIROUETTE PERFECTIONNÉE

Article belge, n'est pas encore dans le commerce. Location : cinq millions par an ! !

(*Le Frondeur*, de Liége, 20 septembre 1884.)

— Puisque le roi n'a que cela à faire : « signer », *Le Frondeur* observait assez durement : « Que diable, alors, qu'on achète une griffe, un tampon, cela remplacera
avantageusement le roi. Pour cent sous nous aurons quelque chose de très bien ! »

— A propos de la manifestation de dimanche dernier, au Palais des Académies. Simple rapprochement prouvant ce que l'on gagne à se faire le domestique des Jésuites.

(Le Frondeur, de Liége, 11 octobre 1884.)

* Caricature relative, comme les précédentes, aux conséquences de la loi scolaire. A la suite de cette image, Le Frondeur publiait l'article qu'on va lire :

Sifflé !

« Le premier sujet du Théàtre de la Nation, celui qu'on paye comme jamais ténor ne fut payé, a été sifflé dimanche, à Bruxelles.

« C'est bien fait.

« Comment, cet homme après avoir, de concert avec quelques malfaiteurs devenus ministres, désorganisé l'enseignement, supprimé les écoles, jeté sur le pavé de pauvres diables d'instituteurs coupables d'avoir loyalement exécuté une loi signée par lui, croit pouvoir se permettre cette suprême insolence d'aller assister, comme Torquemada assistait aux tortures infligées à ses victimes, à une cérémonie où se trouvaient des professeurs révoqués par lui, des élèves des écoles supprimées avec sa complicité; ce défi méritait d'être relevé. Il l'a été, et de belle façon. Le roi a été sifflé comme le dernier des cabotins et les acclamations payées des gendarmes, vêtus en honnêtes gens, ont seules répondu aux manifestations de la colère populaire.

« Blême de colère et de honte, le roi s'est enfui dans son palais, n'ayant plus désormais à compter que sur le respect des larbins payés pour s'aplatir devant lui.

« Qui le croirait, cependant, cette juste explosion de l'indignation publique a été blâmée par ceux-là même qui, chaque jour, qualifient d'œuvre infâme la loi approuvée par le roi.

« La personne royale doit rester en dehors et au-dessus de nos débats, disent ces peureux.

« Pourquoi cela?

« Parce que le roi est mieux payé que les ministres?

« La raison est piètre.

« Somme toute, la loi ne serait pas exécutée — c'est-à-dire qu'une foule de pauvres pères de famille ne se trouveraient pas aujourd'hui sur le pavé — si le roi n'avait pas signé.

« Or, le roi l'a signée, cette loi.

« C'est donc qu'il l'approuve.

« Et s'il l'approuve, c'est pour nous un adversaire, au même titre que les ministres, et l'on a le droit de le traiter comme on traite les ministres, et de chanter : *A bas le roi de carton*, tout comme on chante : *O Van dere Peereboom* ou *A bas Malou*. »

LA BELGIQUE POLITIQUE EN L'AN 1884

Les serviteurs de la royauté

(*Le Frondeur*, de Liége, 22 novembre 1884.)

* Caricature faisant allusion à un toast au Roi, porté par le gouverneur de la province de Liége, M. Péty de T'lozée, à l'occasion de la fête patronale de Léopold II.

« L'âne frotte l'âne », écrivait *Le Frondeur*, « et le larbin décrotte le maitre. »

Pour consoler Popol de ce qu'il n'a pas encore sa réserve, St Nicolas lui a apporté une boîte de soldats de plomb qui font son bonheur et aussi par conséquent celui de ses sujets.

Caricature signé *Noël* (*Le Frondeur*, de Liége, 13 décembre 1884).
— Image faisant allusion à la discussion de la loi militaire.

LE RÉVEILLON DES SOUVERAINS

(*Le Frondeur,* de Liége, 20 décembre 1884.)

« Les boas imperators digèrent. Tout à coup, cependant, ils s'agitent. C'est qu'on
vient d'apporter sur leur table un superbe plum-pudding aux raisins noirs : *le Congo!*
A la vue de ce plat, les puissants ventrus ont senti se réveiller leur fringale. » —
Et celui qui remplit l'office de maître d'hôtel-découpeur, c'est, est-il besoin de le
dire, S. M. Léopold II.

LA PLUS IMPORTANTE DES FONCTIONS D'UN ROI CONSTITUTIONNEL

(*Le Frondeur*, de Liége, 3 janvier 1885.)

— « Recevoir les adresses, les regarder, — du moins faire semblant — ou mieux encore, ne pas les regarder du tout, c'est là un métier que tout le monde pourrait faire, vous, toi, moi, et à meilleur compte. »

UN COUP MANQUÉ !

La France et l'Amérique. — Halte là, Excellence. Nous ne voulons pas de roi pour les moricauds. C'est bon pour les Belges, ces articles là !!!!

(*Le Frondeur*, de Liége, 10 janvier 1885.)

* Cette caricature était accompagnée d'un article assez violent contre le Roi. « Il n'y a pas à dire, ce bon diable de roi des Belges — qui n'est pas aussi bête que le *Journal de Liége* en a l'air — avait proprement pris ses mesures pour se faire proclamer roi du Congo...

« Vous savez, n'est-ce pas, qu'il a dépensé une douzaine de millions dans l'affaire. Or, comme l'affaire est mauvaise, détestable, il voudrait bien l'endosser au pays.

« Seulement, voilà que la France et l'Amérique font tout manquer. Lui qui croyait faire une si bonne affaire ! Lui qui croyait pouvoir acheter, à raison de deux sous de verroteries par kilogr., des millions de défenses d'éléphants, qu'il aurait, ensuite, revendues à bon prix ! »

LES ADRESSES DE FÉLICITATIONS AU ROI

— Les nègres belges donnant au futur roi du Congo une idée de l'aplatissement des hommes. (*Le Frondeur*, de Liége, 14 mars 1885.)

* Satire visant les adresses au Roi présentées par les Chambres, par les conseillers communaux et provinciaux à propos de la reconnaissance par les Puissances européennes de la *Société pour l'exploitation de l'Afrique centrale*, dont le roi des Belges est le président. — A la suite, *Le Frondeur* publiait un long article dont voici les principaux passages :

Platitude officielle

« C'était déjà assez raide d'approuver les traités passés par l'Association africaine avec les roitelets nègres.

« Il était, en effet, audacieux pour le parlement d'un pays soi-disant libre et indépendant, de reconnaître, comme valables et légitimes, d'ignobles marchés faits entre l'Association et des nègres ivrognes qui, pour deux ou trois bouteilles d'eau-de-vie et un habit galonné d'or, ont vendu leur peuple, en faisant une croix au-dessous d'un écrit dont ils ne comprenaient pas un traître mot.

« Mais on ne se contente pas — dans les hautes sphères gouvernementales — d'approuver de pareilles saletés. On y caresse aussi l'espoir, en faisant proclamer le roi empereur du Congo, de fourrer la Belgique dans les tripotages africains.

« Car les Belges ne doivent pas se le dissimuler, dès que le roi des Belges sera en même temps roi du Congo, on s'efforcera de confondre les destinées des deux pays et de faire combler, par les deniers des contribuables belges, les vides que, jusqu'à présent, les affaires africaines ont pu creuser dans les caisses royales.

« On parlera d'abord de la nécessité de créer une marine de guerre « pour protéger les intérêts belges au Congo ».

« Ce sera le commencement — et cela nous coûtera déjà quelques millions.

« Puis, si les fidèles sujets noirs de Léopold II, se fatiguant d'être exploités par quelques Belges sans scrupules, s'avisent de jeter à la mer ou aux fleuves quelques-uns des sujets blancs de la même majesté, on ne manquera pas de dire que l'honneur national est engagé à venger les Belges massacrés par les nègres — et l'on enverra en Afrique, pour rétablir l'ordre, quelques centaines ou quelques milliers de braves miliciens, qui ignorent même l'existence du Congo et de l'Afrique.

« Voyez les désastreuses expéditions de la France en Chine, de l'Angleterre au Soudan !

« Et c'est dans de pareilles aventures que l'on veut lancer la Belgique !

« Ces choses-là, d'ailleurs, sont connues des députés et autres bipèdes qui félicitent, en ce moment, le roi du succès de ses entreprises coloniales; seulement, comme il s'agit de plaire à un homme qui distribue à son gré les titres et les décorations, tous s'aplatissent. »

CLAPETTE.

Cinquante ans d'existence   Cinquante ans d'existence
Quarante ans de travail.   passés dans l'oisiveté.
Résultat : chômage, misère!   *Résultat* : gloire, honneurs, richesses !

(*Le Frondeur*, de Liége, 11 avril 1885.)

* Caricature publiée à propos du cinquantième anniversaire de la naissance du Roi. L'article qu'on va lire semble avoir fait quelque peu diversion avec les habituels éloges de circonstance :

« Le cinquantième anniversaire de la naissance du roi a causé, dans notre belle patrie, un débordement incroyable de courtisanerie. Fonctionnaires de tous poils, généraux ramollis, évêques, gardes civiques, tous s'aplatissent avec enthousiasme devant le makoko bruxellois.

« Sa Majesté daigne entrer dans sa cinquantième année! Quel monarque! Quelle noble famille de souverains la Belgique a la chance de posséder. Car il faut que le peuple le sache, Léopold Ier, l'auguste père de notre souverain, a eu aussi cinquante ans. Ah, mais! c'est une famille où l'on a de la suite dans les idées! Et puis quel souverain remarquable, ce Léopold II, comme il sait bien son métier et avec quelle grâce, depuis cinquante ans, il sait vivre, sans rien faire, aux dépens des bons Belges!

« Tel est, à peu près, le langage des bonnes feuilles royalistes. Que diable! Cependant, en admettant même que Léopold II soit un brave homme, bon époux et bon père, tout comme le premier bourgeois venu, nous nous demandons encore où l'on trouve prétexte à ces acclamations.

« Cet homme s'est — suivant l'expression de Beaumarchais — donné la peine de naître. Pendant les cinquante années de son existence il n'a fait, somme toute, que mener une vie assez oisive, promenant sa peu gracieuse personne sur les boulevards de Bruxelles ou dans les allées des parcs de Ciergnon!

« Cela mérite-t-il donc tant d'acclamations!

« Et dans les rares circonstances où Léopold II a dû agir en souverain, a-t-il fait preuve de tant d'intelligence?

« Nullement.

« Chaque fois il n'a fait que céder à la peur.

« C'est ainsi que lorsque les bourgmestres des grandes villes sont allés le prier de ne pas sanctionner la loi scolaire, Léopold II a crûment répondu qu'il signait indifféremment tous les projets de loi régulièrement votés par les Chambres.

« Le roi ne pouvait plus ingénument avouer qu'il remplaçait simplement — à raison de cinq millions l'an — un tampon, un timbre sec.

« Plus tard, après que des manifestations républicaines eurent effrayé le roi, celui-ci renvoya deux de ses ministres.

« C'était peu brave et peu logique. Pour être brave, il eût fallu tenir tête à l'orage et garder tous ses ministres.

« Pour être logique, il fallait sérieusement tenir compte des manifestations de l'opinion publique et dissoudre les Chambres.

« Le roi n'a pris aucun de ces deux partis et ce qu'il a fait n'est ni d'un homme intelligent ni d'un homme de cœur.

« Notez que ce que nous répétons, aujourd'hui, tout le monde le disait il y a quelques mois.

« Alors pourquoi les fonctionnaires, libéraux comme catholiques, acclament-ils le roi, assez récompensé, somme toute, par les millions qu'il a touchés?

« Hélas! pour cette raison qu'il y a des êtres qui sont nés pour s'aplatir. C'est, pour eux, une seconde nature; il faut qu'ils lèchent les pieds de quelqu'un.

« La République triompherait demain que nous verrions les mêmes individus acclamer le gouvernement républicain comme ils acclament, aujourd'hui, le roi. »

CLAPETTE.

LES DEUX ROIS

Caricature de Selranc (*Moniteur du Congo,* de Bruxelles, 19 juillet 1885).

* Allusion à la réception de Massala et de sa suite, au Jardin d'hiver du palais de Laeken.
Massala et ses moricauds étaient alors une des curiosités congolaises de l'Exposition d'Anvers.
« Citoyens belges », disait le *Moniteur du Congo,* « nous sommes en droit de rappeler Léopold II
à la dignité et aux convenances qu'il est tenu d'observer en sa qualité de chef du pouvoir
exécutif en Belgique. Léopold de Saxe-Cobourg peut jeter sa fortune dans les entreprises les plus
insensées, entretenir un cortège de parasites, de flatteurs, de faux savants et d'aventuriers, le
Roi des Belges ne peut compromettre l'honneur de la Couronne. En recevant officiellement
Massala et sa suite, il a compromis cet honneur.
« A quand le tour des hercules et des grosses femmes de foire? »

DEUX PAUV' QUI S'AIDAIENT LI BON DJU REIE !

(*Le Frondeur*, de Liége, 31 juillet 1885.)

* Caricature relative à Bernaert et à Burlet, qui se disputaient la succession Malou à la présidence du Conseil.

— Enfin, je vais pouvoir un peu me livrer à des occupations sérieuses.

(*Le Frondeur*, de Liège, 22 août 1885.)

* Une des rares caricatures belges plaçant une femme aux côtés du roi.

LE RACHAT DU NORD-BELGE
OU LES PETITS CADEAUX ENTRETIENNENT L'AMITIÉ

(*Le Gourdin,* de Bruxelles, 30 septembre 1888.)

— Un long article accompagne cette caricature, sous le titre de : *Popold et Bismarck.*

« Qui qu'apporte à son petit chéri du bon nanan ? c'est Popold ! »

« — Fais pas de manières et accouche. Qu'est-ce que tu as là?

« — Devinez.

« — Du gigot aux confitures?

« — Non.

« — De la choucroute avec une saucisse?

« — Vous n'y êtes pas encore.

« — Un lièvre aux pruneaux?

« — Jam delav.

« — Je donne ma langue aux chats.

« — C'est tout ce qu'on peut leur faire à votre âge.

« — Parleras-tu, mille millions de cartouches de dynamite!

« — Ne vous fâchez pas, illustre Seigneur, fit Popold. Vous n'avez pas encore digéré les chemins de fer de la Meuse et de la Sambre.

« — Pour que je les digérasse il faudrait, d'abord, que je les avalasse.

« — Puissamment raisonné, premier diplomate des temps modernes. Je pourrais pourtant vous faire observer que la Meuse et la Sambre étant chez moi, j'aurais le droit...

« — Qu'est-ce à dire, fulmine Bismarck tonitruant, monsieur raisonne, je crois !

« Popold tout tremblant, tomba sur les genoux.

« — Grâce! Grâce! illustre maître du monde.

« Et, enlevant la serviette qui dissimulait son cadeau :

« — Tenez, voilà ce que je vous apportais. Les chemins de fer du **Nord-Belge** que vous désiriez tant.

« — Ah! c'est gentil, ça!

« — Qu'est-ce que je veux, moi? Faire sourire mon petit Toto, mon chéri de **Ma-marck**. Maintenant que je les ai, c'est comme s'ils étaient à vous.

« — Tu as payé ça cher?

« — Oh! une bagatelle! Quatre cents malheureux millions!

« — Fichtre! Tu t'es fait voler.

« — Voler, moi! Allons donc! C'est mon peuple qui paye.

« — Alors je comprends que tu ne regardes pas à la dépense. Popold, je suis content de toi. Tu m'as apporté de quoi déjeuner, je t'invite.

« — Impossible, je fais deux fois tous mes repas, maintenant : une fois chez Hiéhiette qui devient jalouse comme une tigresse, et une fois chez Marguerite.

« — Popold, je te l'ai déjà dit, ce sont les femmes qui te perdront. Va-t'en, je t'excuse et, pour te récompenser, un conseil : méfie-toi des officiers des guides, ils vont bien souvent dans les environs de la rue des Deux-Eglises. »

LE BOURGMESTRE DÉFEND DE CIRCULER EN BANDE

— Circulez, circulez !

Caricature de Lévy. (*Le Gourdin*, de Bruxelles, 16 décembre 1888).

* Image faisant allusion à un arrêté, pris par le bourgmestre Buls, interdisant de circuler en groupes sur la voie publique. Un *garde-ville* arrête le Roi et ceux qui l'accompagnent.

ON A SOUVENT BESOIN D'UN PLUS GROS QUE SOI·

(*Clair de Lune*, de Bruxelles, 13 mars 1892.)

* Le personnage à nez d'éléphant est Bernaert. Dans la petite vignette du haut (nº 2) celui qui se détache en clair, au second plan, est le célèbre Vanderpeereboom.

EXCELLENTS AMIS, EXCELLENTS FINANCIERS

Lui: — Article premier : En récompense de m'avoir fait les Grands Lacs, tu reçois
de la Chambre, le Bruxelles-Anvers électrique, et on cote immédiatement 700 en
Métro et 300 en Parisienne.

Empain. — ... Article deux : Le denier de Saint-Pierre, les 7 millions de Caracas,
et la liste civile de 1904 sont affectés à nos prochaines émissions.

Caricature de C. de Busschere (*Le Flirt*, de Bruxelles, 1904).

M. Édouard Empain, le gros spéculateur, d'origine luxembourgeoise, fils d'un simple paysan, doit son énorme fortune aux spéculations sur les affaires congolaises.

En dehors de cela, il semble faire un emploi assez généreux de son argent, car on voit souvent son nom figurer dans les journaux belges à propos de dons. C'est ainsi qu'en 1905 il remettait au bourgmestre de Bruxelles, M. De Mot, une somme de 50 000 francs pour les derniers survivants de la Révolution de 1830.

La liste civile de Léopold II, passablement plus élevée que celle de Léopold Ier, atteint, annuellement, le joli chiffre de 3 300 000 francs.

L'électrique *Bruxelles-Anvers*, dont il est ici question, devait être construit par les soins de l'État, et il fut donné à Empain en remerciement des services que celui-ci avait rendus au roi.

Les petits journaux satiriques furent, à ce sujet, remplis de chansons d'actualité aux petits vers mordants, et sur le mode *électrique*. Qu'il nous suffise de reproduire la suivante empruntée au *Zwanzeur*, organe de la *zwanze* belge

Ce que je trouve chic
Et typique,
C'est ce chemin de fer électrique
Qui part et rapplique
Par un déclic
Électrique.

×

Mais la caractéristique
Épique
De ce chemin de fer électrique,
C'est que toute une clique
Veut la concession unique
De l'*Electric*.

Or, où se complique
Et décortique
Cette question peu catholique,
C'est que l'opposition fait la nique,
Devient porc-épic
Pour l'*Electric*.

×

Elle veut — chose logique
Pour le public —
Point de berné, mais bernique,
Si le gouvernement trafique
De la concession mirifique
De l'*Electric*.

Tric-Trac.

AUTOUR D'UN VOYAGE ROYAL. " THE ENGLISH SPORT "

Guillaume II. — L'arme est toujours la même, Majesté; il ne change que de cible.

(*Image faisant allusion aux attaques de John Bull contre le Congo.*)

Caricature de G. Julio (*La Réforme*, de Bruxelles, 31 janvier 1904).

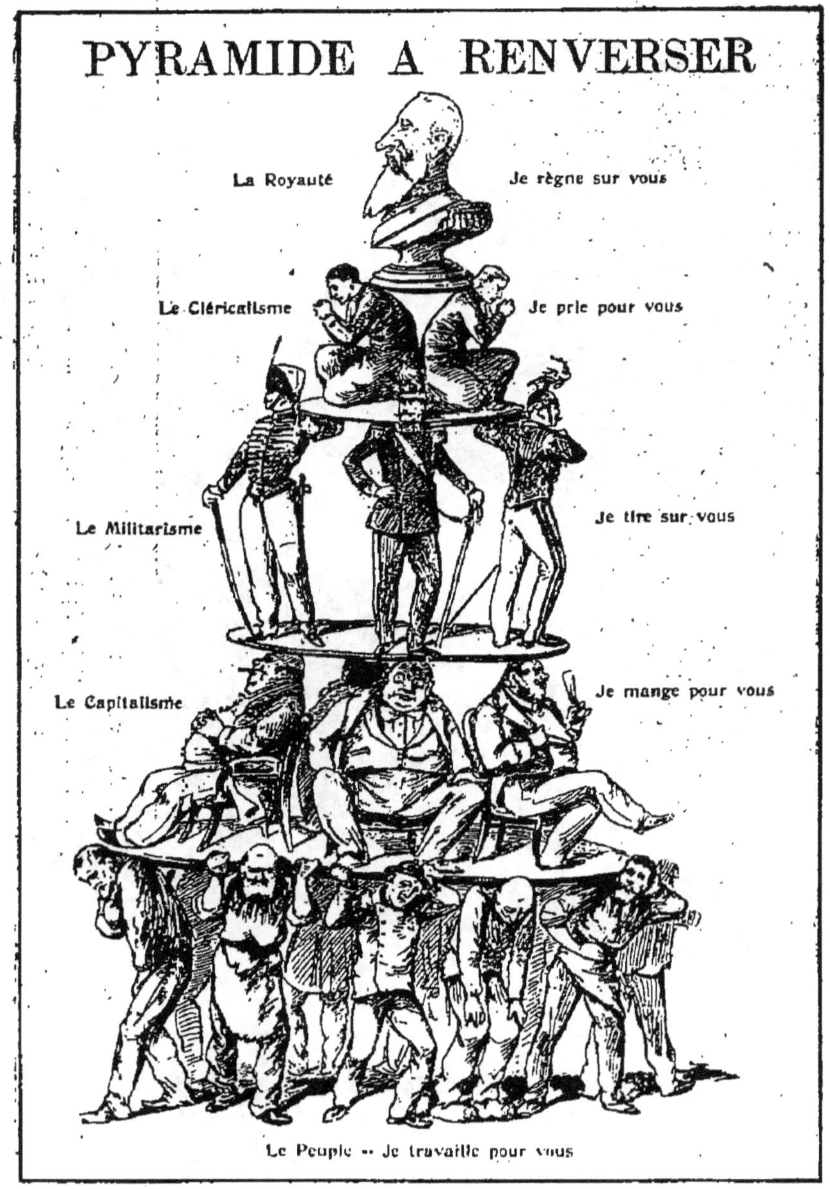

— Image-placard dans l'esprit de la célèbre image populaire du xviiᵉ siècle, placardée à différentes reprises par les associations socialistes, à l'occasion des élections législatives. La présente a été imprimée à Gand.

— Image relative au procès du Roi. Léopold II avait été, on le sait, traduit en 6ᵉ chambre à propos de la fameuse question d'héritage réclamé par ses filles.

Caricature de Sicambre (*Le Zwanzeur*, de Bruxelles, 12 mars 1904).

* *Zwanzeur* est un mot bruxellois qui correspond à notre *Farceur, bon luron* et autres du même genre.

Léopold. — J'ai beau mettre ma couronne dans la balance, le plateau ne penche
pas...

(*Les Corbeaux*, de Bruxelles, 5 août 1905.)

* En ces derniers temps, le roi a paru s'intéresser aux choses de l'armée pour lesquelles, autrefois,
il ne cachait point son dédain. Jusqu'alors, c'étaient les colonies et la marine qui l'absorbaient
en entier. C'est sur son ordre, en effet, que l'on construisit, en 1904, le navire-école *Comte de Smet
de Naeyer* destiné à l'éducation des marins de la future marine marchande belge; c'est sur son
ordre, également, que furent fondés l'école coloniale et le musée colonial Tervueren. Contre
l'opinion publique, toujours favorable à la vieille organisation de la conscription et de la garde
civique, il semble vouloir défendre, maintenant, la cause du service personnel et obligatoire.

Léopold II. — L'ouvrira.
Le comte de Smet. — L'ouvrira pas.

(*Les Corbeaux*, de Bruxelles, 1905.)

* Caricature relative à la question des for t d'Anvers qu'il s'agissait de faire voter par les Chambres. Le comte de Smet de Naeyer était, alors, président du Conseil.

S. M. LÉOPOLD II AU TE DEUM DE SAINTE-GUDULE

(*Les Corbeaux*, de Bruxelles, 20 août 1905.)

* C'est à Sainte-Gudule, l'église cathédrale, qu'ont lieu, on le sait, toutes les grandes cérémonies nationales; c'est là qu'a lieu le *Te Deum* annuel pour la fête du Roi. Autrefois Léopold assistait, plus ou moins indifférent, à toutes ces cérémonies religieuses. En ces dernières années, depuis que se développa en lui l'esprit de religiosité auquel il a été déjà fait allusion, il manifesta une dévotion qu'on ne lui connaissait point et qui cadrait assez mal avec les frasques de sa vie privée. C'est pourquoi la caricature lui devint cruelle.

POSE DE LA PREMIÈRE PIERRE DE LA BASILIQUE DE KŒKELBERG

Léopold II. — Pierre, tu vois cette pierre, et sur cette pierre je vais bâtir ta basilique...

Caricature de Asbaverus (*Les Corbeaux*, de Bruxelles, 15 octobre 1905).

* Basilique consacrée au Sacré-Cœur de Jésus et destinée, comme le Sacré-Cœur de Paris, à couronner Bruxelles, des hauteurs de son plateau.

— Tiens, mais je crois que c'est une de mes filles, ça...

(*Les Corbeaux*, de Bruxelles, 1905.)

DEUX MAJESTÉS

Sa Majesté Cupidon. — Je constate que tu fais souvent des incursions sur mon territoire...

Léopold II. — Ce qui veut ça... C'est l'amour que j'ai pour le Sacré-Cœur... des Parisiennes.

(*Les Corbeaux*, de Bruxelles, 15 octobre 1905.)

L'UNION A DROITE

S. M. — Marche, mon vieux Antwerpenboven.
De Lantsheere (grondant). — Houm.
De Smet. — Houm.
Basile. — Que vais-je devenir dans tout cela ? ?

Caricature de Lucius (*La Trique*, de Bruxelles, 24 décembre 1905).

* De Lantsheere, ministre d'État, catholique, attelé en chien anversois à une petite voiture dans laquelle il traine le fameux projet des forts d'Anvers qui doit coûter des sommes folles au trésor et est très violemment combattu par les libéraux.

LA PRODUCTION DU TRAVAIL LIBRE

(*La Trique*, de Bruxelles, 25 février 1906.

Cette image parut peu après la publication du remarquable ouvrage de M. E. Cattier, professeur à
l'Université de Bruxelles : *Etude sur la situation de l'Etat indépendant du Congo*. Elle était accompagnée de la reproduction d'un article de M. Hermann Pergameni, également professeur à l'Université, *dont j'extrais les passages suivants* :
« Le Congo n'est pas une colonie administrée dans l'intérêt des indigènes, ni dans l'intérêt économique
de la Belgique; ce n'est qu'un grand domaine, une entreprise financière et rien de plus. Procurer au

roi-souverain un maximum de ressources, tel est le ressort de l'activité gouvernementale. Et ces ressources, le roi-propriétaire se les procure par le travail forcé des indigènes réduits à une servitude plus dure encore que celle des traitants arabes. Ce qu'il faut au souverain du Congo, c'est du caoutchouc, c'est-à-dire de l'argent. Après lui la fin du monde! Il faut que l'or du Congo cesse de peser sur nos consciences. »

VAINE AGITATION

S. M. le Roi (à dame Doctrine et à Marianne). — Vous avez beau danser le cake-walk de la dissolution; le gâteau n'est pas encore pour vous cette fois-ci!

Caricature de Zoo (*Le Sifflet,* de Bruxelles, 29 avril 1907).

* *Le Sifflet* est un organe humoristique à la solde du parti ultramontain. *Dame Doctrine,* ce sont les libéraux.

LE MANNEKEN-PIS NATIONAL

Caricature de Julio (*Le Cri du Peuple*, de Bruxelles, 19 mai 1907).

— « A tout seigneur, tout honneur. Hommage à notre grand barbu national. Il est le grand-maître, le pacha en chef, et pour bien le prouver, il signifie, par un geste d'arrosage tout à fait brabançon, tout le mépris que lui inspirent la veulerie de ses sujets et les ridicules prétentions de leur Constitution. »

* Tout le monde connaît *Manneken-Pis*, le petit bonhomme pissant du coin de la rue des Étuves et de la rue du Chêne, à Bruxelles.

LES DÉCORÉS

— Ne vous pressez pas, il y en a pour tout le monde.

Caricature de Julio (*Le Cri du Peuple,* de Bruxelles, 28 juillet 1907)

Six mill' cinq cent quatre-vingt-deux
— Le chiffre est officiel, ma chère, —
Autant de citoyens heureux
Ont vu fleurir leur boutonnière.

Elle baillait et démangeait
Voulant le ruban tricolore,
Mais Léopold Deux en avait
Autant et plus... et puis encore...

Le Cri du Peuple, journal genre et format du *Cri de Paris,* dont le maître caricaturiste Julio fut le principal dessinateur, a publié en juillet sous le titre de : *Chez Popol. Une interview sensationnelle,* l'amusant article que je reproduis dans son entier pour que l'on se rende mieux compte, encore, du degré de liberté dont on use en Belgique à l'égard du souverain :

Chez Popol

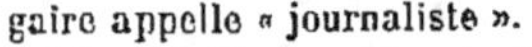

UNE INTERVIEW SENSATIONNELLE

Une nouvelle stupéfiante d'invraisemblance faisait, l'autre jour, le tour des grands quotidiens; pendant toute la durée de la saison d'été, le Roi allait renoncer à ses balades contumières à l'étranger et rester dans ses Etats. Il avait notifié cette intention à l'honorable M. Pieters, bourgmestre d'Ostende, à la condition formelle de ne plus être épié dans ses moindres faits et gestes par cette espèce de plumitifs dont l'indiscrétion est la déformation professionnelle et que le vulgaire appelle « journaliste ».

Léopold II, cramponné, figé, escargoté en Belgique ! Tais-toi mon cœur, cela ne pouvait être vrai.

Pour être fixé, je proposai à la rédaction du *Cri du Peuple,* qui ne recule devant aucun sacrifice quand il s'agit de fournir à ses lecteurs des tuyaux tout à fait inédits, de m'offrir une petite balade à Ostende, la perle du littoral, comme l'appelle cet excellent M. Marquet. Aussitôt débarqué dans la reine des plages, comme le disent les prospectus de M. Liebaert, je confiai au petit chasseur de l'*Hôtellerie du Peuple* une humble requête dans laquelle — l'audace fait la fortune de Java — je demandai tout simplement à Sa Majesté la faveur d'un petit entretien discret.

Une demi-heure ne s'était pas écoulée que le gamin me rapportait un grand parchemin constellé de cachets de cire — c'est le cas de le dire — imprégnés d'une couronne royale.

Je transcris la missive :

« Sa Majesté me charge de vous dire que, frappée par la témérité même de votre démarche, elle consent à vous recevoir sur-le-champ. A la condition formelle que vous gardiez le plus strict incognito. Rendez-vous sur-le-champ à la villa ***, rue Royale. Ne vous occupez pas du reste. Contentez-vous de retenir le mot de passe : *Okes Bokes Pax.*

Le Secrétaire du Roi,
CARTON DE WIART. »

Rien ne m'étonne. C'est donc sans aucun trouble que j'allai au rendez-vous. Un coup de sonnette à l'huis de la villa en question, la phrase sacramentelle claironnée et j'étais dans la place. Il y fleurait le patchouli, le ylang-ylang et je crois, ma parole, le musc, au point que je pus m'imaginer un instant être introduit dans l'aimoir d'une petite cocodette. Mais d'austères photographies du Roi et du baron Vaughan, ainsi que le vagissement d'un bébé que j'entendais gémir dans la pouponnière voisine me rappelèrent à la réalité et me persuadèrent que j'étais dans le home d'une honneste famille.

Un larbin vint me cueillir et, après m'avoir fait descendre quelques marches, me fit traverser un long tunnel où scintillaient d'innombrables lampes à incandescence. Quelques marches à remonter et me voici dans un immense cabinet de travail qu'une large baie, ouverte sur l'infini de la mer, inonde de lumière.

Ma brusque venue sembla avoir dérangé les occupants de la place. J'entendis, derrière une porte discrète, le froufrou d'une robe, la tambourinade de pas menus qui s'éloignaient, tandis qu'une pénétrante *odora di femina* persistait dans la chambre.

Léopold II — car c'était lui — arrêta le balancement de sa chaise longue, puis, m'ayant déshabillé du regard narquois qui pointait derrière son lorgnon, me désigna un pouf sur lequel je m'écroulai.

— Bien, vous en avez du culot, comme dirait Caroline, d'oser venir me relancer ici pour m'interviewer. C'est même la hardiesse du geste qui vous a ouvert les portes de mon palais.

— C'est que voyez-vous, Sire...

— Ah non, laissez donc les formules du protocole au vestiaire. Appelez-moi monsieur ou plutôt citoyen, c'est dans votre note.

— Je savais, citoyen, que vous n'aimiez pas les journalistes...

— Je les méprise et je les décore. C'est tout dire. Mais ceux qui me tapent dessus me bottent assez. Plus d'une fois, j'ai songé à inviter votre confrère Lekeu, mais il a fait du boudoir de ma petite amie une description tellement croustillante, emballée, que j'ai bien eu peur qu'il ne fut tenté de me souffler Caroline. J'attendrai qu'il ait dépassé l'âge des séductions.

— Cela ne tardera guère, citoyen, mais... au fait, au fait, majesté!

— C'est juste, vous n'avez pas de temps à perdre. Que désirez-vous savoir?

— Pourquoi réclamez-vous, de la presse, le silence sur vos faits et gestes pendant votre séjour à Ostende? Serait-ce à cause de la compagnie compromettante du couple Vaughan?

— Vous tombez de la lune? Est-ce que j'ai l'habitude de me gêner, de me cacher quand je fais mes petites et grandes fredaines? Ce serait plaisir perdu. Mes grosses bêtes de sujets aiment beaucoup les histoires polissonnes dont je serais le héros, parce que ça fait se trémousser le cher ange qu'ils portent dans leur cœur. Mais s'ils me blâment en cachette, ils se couchent à plat ventre devant Ma Majesté. Quand M. Woeste proclame, sans rire, que je fus le modèle des époux et que je suis le modèle des pères de famille, ils approuvent et applaudissent. Alors, quoi?

— Pourquoi voulez-vous, dès lors, dissimuler ce qui se passe dans votre intimité?

— Parce que tout un chacun n'a pas besoin de fourrer le nez dans les plans grandioses dont prépare la réalisation.

— Encore un plan? Vous allez créer un nouveau Mont des Arts?

— Mieux que cela.

— Céder gratuitement le domaine privé à la Belgique?

— Mieux que cela.

— Partager votre fortune entre vos filles?

— Mieux que cela.

— Passer le tablier au prince Albert?

— Mieux que cela, vous dit-on.

— Ah zut! vous parlez comme Joseph II dans la fameuse anecdote du lapin braconné sur les tirés du roi.

Je donne ma langue au chat.

— Voici. Je prépare une petite opération qui va damer le pion à tous les expansionnistes coquebins, ces henne... biques qui veulent se faire aussi gros qu'un éléphant.

M'entrainant vers le globe géographique qui pivotait sur le bureau, Léopold me désigna un tout petit triangle jaune, à peine perceptible sur la carte.

— Voyez-vous, continua-t-il, cette piqûre de mouche? C'est la Belgique. A côté, plus en dessous, il y a une grande tache rouge. C'est la France. Eh bien! je prépare tout simplement l'annexion de la France à la Belgique.

— Ah, bah !

— C'est comme j'ai l'honneur de vous le dire. La France, comme vous le savez, vogue sur le volcan de l'anarchie. C'est le *Temps*, mon journal de chevet, qui m'a appris cela. Elle n'attend plus que le sabre sauveur. Qui le lui apportera? Le prince Victor? Un pot à tabac, un empoté dont je ne voudrais pas même pour ma fille Clémentine. Le duc d'Orléans? Il ressemble au prince Albert, sauf qu'il est un peu plus bête et un peu plus vadrouille ! C'est pas de la graine à faiseur de coups d'Etat. Tandis que moi, petit-fils de roi de France, je n'aurai qu'à paraître pour enlever le morceau. *Veni, vidi, vici.*

— Merci, je ne fume pas le cigare.

— D'ailleurs je mène rondement ma barque. Le nord de la France, région industrielle par excellence, je le conquiers lentement en m'intéressant aux sociétés financières. Demandez plutôt à Empain. Le midi bougera au moindre signe que lui fera le seigneur de la Côte d'Azur. J'ai acquis aussi tout un territoire dans la Seine-et-Oise. Quant à Paris, je l'ai conquis, subjugué. Ma popularité y devient encombrante. MM. Kennis et Valère Mabille, qui sont de jolis imposteurs, vont, lorsqu'ils veulent se faire acclamer, balader là-bas leur barbe blanche. Ça ne rate jamais. On les prend pour moi, et le naïf populo chante à leur passage :

Viens Popole, viens Popole,
Viens !

Je viendrai, j'irai, et mon cousin Fallières n'a qu'à se bien tenir.

N'est-ce pas un projet épatant?

— Sublime, admirable, grandiose...

— Fermez votre laudative. Vous avez assez tiré à la ligne. Je ne vous retiens pas. Carton va vous reconduire.

— Au revoir et merci.

— Un mot encore... A propos de Carton, dites donc à vos manifestants qu'ils cessent de chanter : « A bas le roi de carton. » C'est humiliant pour moi. J'ai l'air d'être à son service. Carton est mon employé, c'est le saute-ruisseau, le garde-paperasses, le carton du Roi.

Cet ignoble calembour suffit à me mettre en fuite. Je m'en allai, non sans avoir pressé deux doigts d'une main plutôt mal soignée, que le sire me tendit avec flegme.

CHAN BAR (d'Eure).

SAINT LÉOPOLD

— Saint Léopold était un margrave d'Autriche (1096-1136) qui s'illustra par son sublime désintéressement et par son ardeur à épuiser les mœurs de son peuple (*Dictionnaire Larousse*).

Caricature de G. Julio (*Le Cri du Peuple*, de Bruxelles, 17 novembre 1907).

ÉCHOS DE L'UNIVERS

— Léopold a tort de vouloir mettre trop de viande au feu (proverbe italien pour : *s'occuper de trop de choses à la fois*)... car si le pot au feu venait à déborder, comment arriverait-il à entretenir les..... « bambines » qu'il a pris sous sa tutelle...

(*Fischietto*, de Turin, 23 avril 1907.)

Léopold devant la Caricature européenne

(Journaux — Cartes postales — Affiches et réclames illustrées)

ORIGINE DES CARICATURES SUR LE ROI DES BELGES : CLÉO ET CLÉOPOLD — UN AUTRE « LUI » — CE QU'IL FAUT PENSER DES HISTOIRES AVEC CLÉO — UNE « ZWANZE » — LA « CLÉOPOLDOMANIE AIGUË » — VIEUX MARCHEUR ET ROI DES NOCEURS — LE LÉOPOLD D'AVANT CLÉO — LES PORTRAITS-CHARGE — LÉOPOLD DANS LA CARTE POSTALE ET DANS L'AFFICHE ILLUSTRÉE — UN ROI J'M'EN FOUTISTE — LÉOPOLD ET LE CONGO — LÉOPOLD ET LES AFFAIRES POLITIQUES BELGES — LA DERNIÈRE INCARNATION : LÉOPOLD ET LA VAUGHAN — L'ENFANT DU MIRACLE.

I

Souverain d'un pays neutre, Léopold II, tout comme son père, le sage, le taciturne Léopold Ier, eût pu passer inaperçu devant les crayons européens dont les pointes acérées ne visent, en général, que les étoiles de première grandeur; dont les attaques vont aux monarques qui, par leur autorité personnelle, par l'importance du pays sur lequel ils

Léopold II (Louis-Philippe-Marie-Victor).

Portrait-charge de B. Moloch pour *Le Trombinoscope* de Touchatout (1882).

règnent, font en quelque sorte partie intégrante de ce que l'on appelle, aujourd'hui encore, le concert européen.

Que la caricature de tous les pays s'attaque à un Guillaume II ou s'intéresse à un Edouard VII, c'est là chose pour ainsi dire forcée; que la satire s'exerce en tous lieux sur un jeune monarque en voyage — tel le roi d'Espagne, — cela se conçoit ou du moins s'explique, mais pour qu'un roi des Belges devienne le point de mire de toute une armée de crayonneurs irrévérencieux, il fallait, certes, des raisons spéciales, des motifs d'ordre particulier.

Ces raisons, ces motifs, point n'est besoin de les longuement exposer, car chacun est à même d'avoir pu les apprécier.

D'abord, ce furent de pures raisons physiques, Léopold offrant le type accompli du bel homme, du diplomate à l'usage des salons, au regard ténébreux, à la barbe soyeuse, et comme le profil était moutonnier, on se fit un malin plaisir de lui faire subir certaines transformations devenues banales grâce au système de Lavater.

Puis, ce furent les particularités de sa vie intime, depuis le moment où, roi, il se mit à mener l'existence orageuse d'un prince de Galles, se montrant, s'affichant à tous les spectacles légers et mondains, ne craignant pas, — le mot fut lâché jadis par un de ses ministres, — de traîner la couronne *dans tous les b... de tous les Bordenave* de la grande capitale. Il ne fut pas seulement de certains cercles, de certains dîners;

LE TÉLÉPHONE ENTRE PARIS ET BRUXELLES

— Essayons de nous faire comprendre de ce souverain étranger : Sire, nous allons donc, pour une fois, pouvoir jaser ensemble !

— Ciel! le Président de la République française qui parle *pelche*.

* Le président était, alors, Jules Grévy

Caricature de Moloch (*La Chronique Parisienne*, 13 février 1887).

il alla jusqu'à combiner des parties fines avec cette *caricature de roi*, avec ce singulier président de république atteint de la monomanie du cabotinage officiel, dont le monocle au large ruban et les guêtres jaunes à boutons de nacre firent pâmer d'aise les dernières vieilles douairières.

Si bien que, étonnée, amusée tout d'abord, et bien vite mise au diapason, la caricature facilement irrespectueuse ne tarda pas à voir en ce souverain qui paraissait, volontiers, abandonner ses sujets pour les reines d'opéra, un type de roi cascadeur, de roi vieux marcheur, tenant à la fois et du prince de Galles et du prince de Sagan.

La caricature! C'est en France, surtout, — lisez à Paris, — qu'elle allait se montrer, d'abord hésitante, d'abord cherchant à rééditer pour la circonstance les vieilles calembredaines, depuis si longtemps res-

Lui. — Seigneur, qui me rendra ma demeure
[enviée,
Et mon beau château de Laeken !
Elle. — Qui me redonnera la chemise brodée
Flottante sur mon abdomen !

Caricature de Lamouche (*La Chronique
amusante*, 26 janvier 1890).

* Le château de Laeken fut incendié accidentellement le 1er janvier 1890 pendant les réceptions du Jour de l'An. Reconstruit, il est plus que jamais, aujourd'hui, « le jardin fleuri de Bruxelles, et l'Eden de la Cour. »

sassées contre les Belges — qui eût dit, alors, qu'un Mirbeau les servirait à nouveau sous forme de roman ! — jusqu'au moment où, par l'entremise de Cléo de Mérode, elle créa ce *Cléopold* qui a toutes les allures d'un roi d'opérette.

Roi d'opérette ! Ce n'est pas sans raison que je me sers de ce qualificatif et que je l'inscris ici. A-t-on jamais remarqué, en effet, l'influence considérable exercée par l'opérette, la vraie, celle qui prit naissance à Paris sous le second Empire, sur l'irrespect humain. C'est la satire publiquement débitée sur les planches qui, peu à peu, conduira à la satire graphique colportée par le journal.

Et c'est un type connu, déjà bien souvent employé, que le roi vieux marcheur. Hier, roi d'un pays plus ou moins inexistant ; aujourd'hui, roi véritable des Belges.

Ce qui est un coup de génie, c'est d'avoir trouvé *Cléopold*, c'est d'avoir placé ce C devant un Léopold bien anodin ; c'est d'avoir accouplé le roi des Belges à une *de Mérode*, quoiqu'elle soit, en réalité, plus de contrebande que de Belgique.

Cléopold et *Cléo de Mérode !*

L'un devenant populaire par l'autre ! L'autre se taillant dans un manteau royal la plus belle réclame que danseuse ait jamais eue. « Vois un peu, Cléo, ce qu'il en est des plus célèbres : tu l'es devenue par tes bandeaux, et moi, je le suis devenu par toi » — lit-on modestement au bas d'une caricature du *Simplicissimus*, de Munich.

Des bandeaux pour une danseuse! Une Cléo pour un roi!

Et quel roi!

Un autre *Lui!*

Non pas celui qui régente l'Europe, qui tient en suspens tous les regards; un *Lui* moins solennel, moins terrible.

Lui, celui qu'on rencontre partout où l'on s'amuse, qu'on voit triomphant, sur toutes les affiches des établissements de plaisir, *Lui*, le *roi franco-belge*, « *Monsieur Léopold* », comme il y a « Monsieur Ernest » ou « Monsieur Georges », — dont la royale qualité ne se révèle,

nous apprend Caran d'Ache, que par la belle barbe en éventail et le cigare de contrebande; — *Lui*, membre actif, très actif, de l'A. C. F., maître en *l'art de bien chauffer*, sachant victorieusement vaincre toutes les pannes de l'âge, roi des Belges, à ses moments perdus ; — *Lui*, qu'un journal autrichien, très drôlement, ma foi, transformera en *Cléopold de Mérode*, — *Lui*, homme de sport, dans tous les genres, sous toutes les formes, qui, non content de faire de l'automobilisme, inventera le *cléodemerodisme* et dont le nom se trouvera tellement uni pour jamais à celui de Cléo de Mérode, qu'un dessinateur facétieux pourra, au-dessous d'une amusante vignette, placer la légende suivante : « Pour une fois, monsieur, savez-vous, on va aller trouver le docteur Doyen,

VOILA LES GARDIENS DE LA PAIX
PAIX! PAIX! PAIX!

S. M. LE ROI DES BELGES

— « La Paix est une chose grave, savez-vous! Si elle venait à disparaître, la guerre deviendrait inévitable. »

Caricature de Moloch (*La Chronique amusante*, octobre 1897).

* Tous les souverains se trouvent représentés sur cette image. Voir *Lui* et *L'Oncle de l'Europe*.

LÉOPOLD ROI DES BELGES ET DE L'EXPOSITION DE BRUXELLES

Portrait-charge par C. Léandre pour : *Notre Musée des Souverains.*

(*Le Rire*, 24 juillet 1897.)

* Un des nombreux Léopold avec la barbe en éventail comme aime a les dessiner Léandre.
Depuis 1880, année de l'Exposition du Centenaire de l'Indépendance, de nombreuses expositions
internationales ou nationales ont eu lieu soit à Bruxelles, soit à Anvers, soit à Liége. L'Exposition
de 1897 fut particulièrement brillante : la colonie du Congo attira alors tous les regards.
Dans le fond du dessin on aperçoit Cléo dont la jupe de danseuse, par sympathie naturelle sans
doute, forme également éventail.

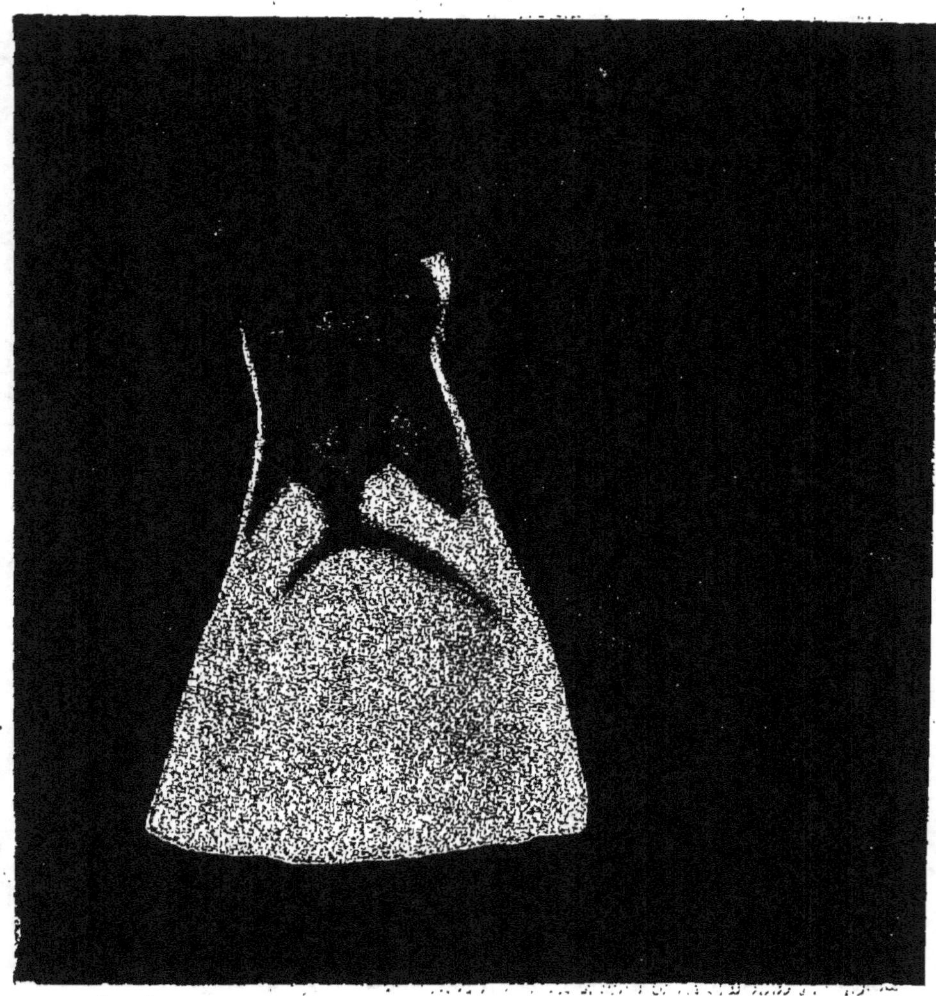

LÉOPOLD-LOUIS-PHILIPPE-MARIE-VICTOR-SAXE-COBOURG-GOTHA

Dessin de Léal da Camara (*Le Cri de Paris*, 28 avril 1901).

* Ce sont là ses noms et prénoms auxquels on peut ajouter, comme qualités, *marcheur infatigable* et *vieux marcheur impénitent* ; et comme passeport : haute et aristocratique silhouette, figure allongée qu'encadre admirablement la large barbe en éventail. Du reste, facilement reconnaissable à son chapeau genre Cronstadt, quoiqu'il ne soit point membre de la *Ligue des Patriotes*. Porte en voyage le pseudonyme de comte de Ravenstein.

— On est tout de même mieux ici qu'à Bruxelles.

Caricature de Roubille (*Le Cri de Paris*, 25 mai 1902).

* Un petit journa charivarique belge disait, tout récemment, qu'il serait plus facile de compter les étoiles au ciel que le nombre des voyages de Léopold à Paris ; voyages privés s'entend. Le Roi des Belges est, en effet, un habitué de l'asphalte, de toutes les fêtes parisiennes, de toutes les premières sensationnelles. « Il fréquente les salons de peinture en artiste, les salons d'automobile en connaisseur ; il goûte Paris en dilettante. Coiffé d'un petit chapeau, en veston de voyage, le pardessus sur le bras, sans oublier le traditionnel cigare, il descend, alerte, de son wagon et traverse la gare du Nord à pas rapides, malgré sa claudication. »

AU BAR. — Caricature de Roger (*L'Indiscret*, 28 janvier 1903).

TOUJOURS PRATIQUE

— Les caricaturistes se permettent trop à l'égard de votre Majesté!
— C'est vrai... on leur fera flanquer une forte amende que vous ferez verser dans ma cassette particulière.

(La Caricature, 15 octobre 1904.)

— Malheur! Que de rois autour de Marianne! Ça va lui tourner la tête... et j'ai tant de choses à lui demander.

Caricature de Willette (*Le Courrier français*, 20 octobre 1895).

celui qui opère, et on verra s'il arrive à nous séparer, nous autres, godfordom! »

Léopold séparé de Cléo! Voilà qui semble impossible. Et il l'est cependant, séparé, *pour de vrai*.

Mais, d'abord, furent-ils jamais unis, l'un à l'autre, d'une façon quelconque? Voilà ce qu'il faudrait établir.

FANTAISIE TIMBROLOGIQUE.

Caricature d'Emile Cohl

Le Rire, 28 décembre 1895.)

Car, en réalité, le *cléopoldisme* du roi des Belges paraît avoir été une de ces amusantes facéties, baptisées en argot du qualificatif de *montures* et que nos voisins appellent des *zwanzes* — ce qui ne veut pas dire toutefois que ce prince, ami des belles et de la danse, n'ait eu des amabilités toutes spéciales pour la jeune personne dont les bandeaux ont fait époque dans l'histoire.

Entre avoir eu un royal caprice, avoir affiché même une certaine sympathie pour la demoiselle Cléo, et se laisser métamorphoser, comme aux beaux temps de la mythologie, en une sorte de personnage hybride, époux morganatique et *cléopoldien*, il y a tout un monde, toute la différence qui sépare la réalité de la fantaisie. Certes, il serait intéressant, ne serait-ce que pour l'édification des générations futures, de pouvoir mettre au point les formes multiples sous lesquelles se manifesta ce « béguin », mais comment contrôler des actes d'une nature aussi scabreuse!

Ce qui est certain, c'est qu'un beau jour, un écho du *Gil Blas* vint claironner partout ce qui, depuis longtemps, se disait tout bas, entre soi, parmi les gens du Tout-Paris qui s'amuse; ce qui est certain, c'est que peu après — et ceci se passait vers 1894 — apparurent des caricatures où l'on voyait Léopold flanqué de la sémillante personne qui désormais, dans l'imagerie française tout au moins, — ne le quittera plus... d'une semelle.

Désormais, vraie ou fausse, la légende allait prendre l'importance d'un document historique. En une série de croquis portant pour titre : *Choses que l'on ne verra jamais*, un dessinateur du *Charivari*, Marais, qui suppléait par des idées ingénieuses, par des trouvailles amusantes, aux imperfections de son dessin, faisait figurer comme impossibilité :

dessiner Léopold sans Cléo! On le voyait également placer la barbe du Roi des Belges et les bandeaux historiques de l'artiste en vedette, sur une feuille de croquis donnant des personnages connus à compléter.

Paris, l'antique auberge des rois! A côté du prince de Galles l'on était heureux de pouvoir y mener Léopold, Léopold celui qu'Aurélien Scholl, avec sa blague à froid, appelait *mon excellent confrère de Bruxelles;* Léopold, « avec lequel on pouvait s'amuser », qui donnait à l'image la note gaie, là où d'autres donneront la note dramatique et sinistrement macabre; — Léopold, qui sera *de tous les soupers bien parisiens*, qui fournira de multiples : *Le roi boit!* — qui, dans toutes les pages consacrées à des jeux royaux, se verra représenté avec cette mention : *Léopold préfère les dames;* — qui permettra à une petite feuille éphémère d'établir cette comparaison :

« *L'antiquité a eu Cléopâtre, nous avons Cléopold.* »

qui fournira au *Tam-Tam* cet atroce à-peu-près :

« *Cléo de Mérode.* Femme célèbre pour avoir donné *sa clé au pold.* »

Et cette *cléopol-domanie* aiguë née, je l'ai dit, aux approches de 1894, s'étalera des années durant, dans tous les petits journaux à images satiriques, à la grande satisfaction de braves gens heureux de voir ainsi s'afficher publiquement les mœurs légères des porteurs de couronne.

Le Rire, qui n'est jamais à court quand il s'agit d'es-

LE LANGAGE DES FLEURS

Partie d'un dessin de Lebègue (*Le Rire,* 13 février 1897).

8

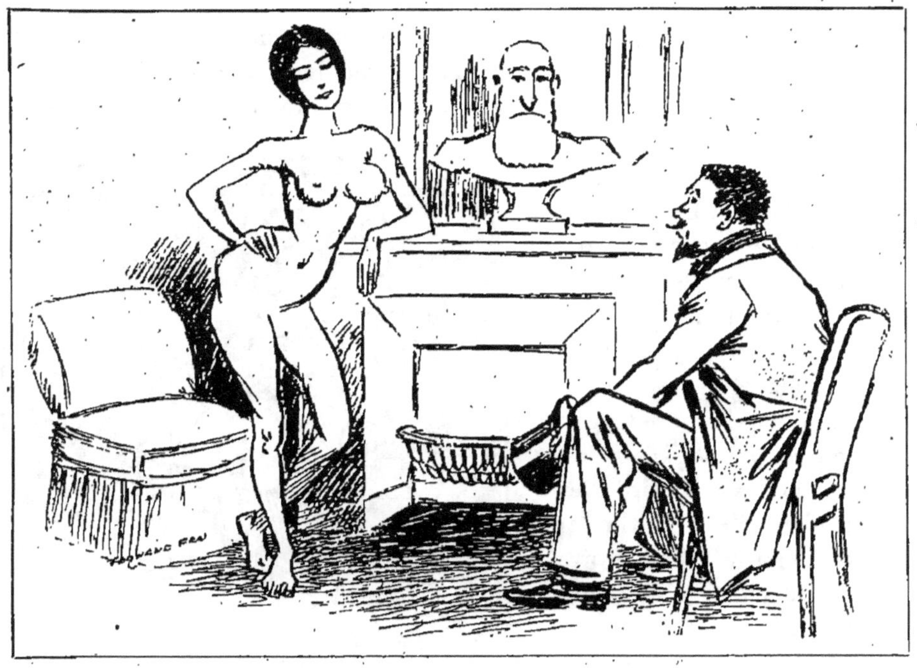

LE VOYAGE DE CLÉO EN AMÉRIQUE
L'ÉTOILE ET LE REPORTER

Le Reporter. — Alors, charmante étoile, vous allez nous préférer l'Amérique ?
L'Étoile. — Oh! le temps d'aller et de revenir; la preuve c'est que je n'emporte même pas mes toilettes. Je pars telle que je suis.

Caricature de Fernand Fau (*Le Rire*, 31 juillet 1897).

prit, ne divisera-t-il pas les monarques en *rois qui font la bombe* et en *rois qui reçoivent les bombes*. Or Léopold est des premiers et il n'en fallait pas plus pour qu'il devînt bientôt un des personnages préférés de la caricature parisienne, laquelle, on ne saurait l'en blâmer, aime mieux rire que pleurer.

Les vignettes ici reproduites, qui pourront également quelque jour constituer des documents précieux pour l'iconographie de Cléo, nous montreront donc, sous ses faces multiples, *un roi qui fait la bombe*, un roi à belle barbe et à gros cigare, portant toujours beau dès qu'il s'agit de suivre un trottin — tel le dessinent, du moins, les crayons parisiens; — usé, vanné, n'ayant pas une meilleure constitution que celle accordée aux Russes — tel se complaisent souvent à le représenter les étrangers.

« Les médecins m'ont interdit le tourisme, le cyclisme, l'automobilisme, » porte la légende d'une vignette du *Pasquino*, de Turin, « vous allez voir qu'avant peu on me défendra le *cléodemérodisme*. »

Ici, Cléo tire les ficelles d'un pantin, et ce pantin sera notre royal vieux marcheur; là, elle le fait sauter comme une balle en caoutchouc sur la pointe effilée de son soulier — image pour une série : *Exercices de haute école de nos souverains* — ailleurs, sur ses genoux, elle prendra cent attitudes différentes, le cajolant, l'embrassant, le consolant, le soutenant — et même, le couronnant de roses; tandis que, lui, se démettant du pouvoir, couronnera son successeur.

CEUX QUI VOUDRAIENT VENIR : LÉOPOLD II

Caricature de George-Edward (*La Caricature*, 7 juillet 1900).

* La revue des têtes couronnées à propos de l'Exposition de 1900. Léopold ouvre la série que ferme Guillaume II, avec cette amusante légende : « Quelle scie d'être forcé de venir incognito! »

Il est *collé*, il est rivé à sa Cléo. C'est le triomphe définitif de la danse. Au XVIIIe siècle, les demoiselles de l'Opéra passaient à tour de rôle dans les bras des fermiers généraux; aujourd'hui, une seule traîne à sa remorque dans les illustrés du monde entier, non pas un prince de contrebande, mais un Roi, un vrai Roi.

C'est bien *Cléopold II, roi des Belges*, dont Cléo aligne et effile la barbe — tel que nous le montre Roubille en une de ces caricatures à effet, en un de ces tableaux humoristiques dont il a le secret.

DEUX SIAMOIS

— Pour une fois monsieur, savez-vous, on va aller trouver le docteur Doyen, celui qui opère, et on verra s'il arrive à nous séparer, nous autres, godfordom!

Vignette de Moriss (*L'Indiscret*, 2 mars 1902).

C'est bien *le roi des noceurs*, conduisant, guidant le chœur des souverains à Paris; celui dans la bouche duquel un dessinateur du *Ulk*, de Berlin, Feininger, placera le petit speech suivant :

« Mes chers confrères en royauté, vive le principe de l'état monarchique tempéré par un séjour, aussi fréquent que possible, dans une République organisée le plus confortablement du monde! »

Les Allemands qui possédaient déjà dans leur imagerie *Léopold le mauvais sujet*, n'auront plus qu'à y joindre *Léopold le noceur, das fidel Léopold*, celui qui organise, dirige les parties fines, et met tout en joie.

Dans les images qui vont suivre, Sem, Caran d'Ache, Willette, Jehan Testevuide, Léal da Camara, Moriss, Henry Somm, Léandre, nous donneront sous toutes les faces ce *roi des Belges et des belles !* Léandre, surtout, a exécuté sur lui de remarquables compositions qui peuvent être considérées comme les perles de son musée caricatural. Aux côtés de Loubet et de Georges de Grèce, il est bien réellement *le joyeux Léopold*, remplissant ses devoirs de souverain « quand il n'a rien de mieux à faire » et prenant pour devise, suivant le mot du *Kladderadatsch* : « Paris; petites femmes et grande noce.»

II

Le Léopold de Cléo fut-il, réellement, le premier vu par les dessinateurs satiriques; en d'autres termes, est-ce par Cléo que le roi des Belges pénétra dans la caricature?

A cette question que l'on devait forcément se poser, j'ai pensé qu'il serait intéressant de répondre, et c'est pourquoi j'ai reproduit quelques vignettes plus anciennes, je veux dire antérieures *aux amours cléopoldiennes* — dues à Moloch, à J. Blass et à Lamouche — ce dernier, devant se faire remarquer un certain temps à la *Caricature* et à la *Chronique amusante* par ses bonshommes en ombres chinoises.

LUI FERA-T-IL DES TRAITS?

Vignette pour un concours fantaisiste ouvert par l'*Indiscret* à l'exemple du *Journal.*

(30 avril 1902.)

Pour nous autres, Français, et il en fut de même pour les Allemands, les Autrichiens, les Anglais, le roi des Belges d'avant Cléo et d'avant le Congo était bien réellement le souverain *très neutre* d'un pays non moins *neutre*, n'étant appelé à prendre place dans la caricature que si quelque événement important attirait, par hasard, l'attention générale sur la Belgique. Et en ce cas, fort souvent, c'étaient les ministres, et non le roi, qui tombaient sous le crayon des dessinateurs.

UN ROYAL CIGARE

— Portrait-charge par G. Lion.

(*Mon Dimanche*, 1902.)

Ces quelques vignettes auront l'avantage de nous montrer Léopold sous ses différents aspects, suivant qu'il s'agira de l'homme considéré uniquement au point de vue ressemblance physique, — du rôle politique joué par lui, — ou d'un événement le mettant forcément en évidence.

Moloch et Blass nous donnent ainsi l'homme en 1882 : ici, le portrait-charge, le revers de l'effigie royale, telle qu'on la voyait alors ; là, le souverain poursuivant son idée de colonisation et commen-

çant à jeter son dévolu sur le **Congo**.
Près de dix ans plus tard, c'est-à-dire
en 1891, Blass, dont les compositions
du *Triboulet*, — quand elles ne sont
pas faussées par l'esprit de parti-pris,
de dénigrement systématique qu'on
lui imposait, — ont un réel intérêt
de documentation historique, représentera en images Floquet venant
faire sa cour à Léopold, et Thiers
offrant la couronne de France au
même Léopold — fait quelque peu
rétrospectif. On s'amusait alors, en

ON VIEILLIT, QUOI!

Lui. — God fordoom! J'ai pris froid.
Ma gorge m'inquiète!
Elle. — La mienne aussi!

Caricature de Moriss (*L'Indiscret*,
12 novembre 1902).

— Carte postale dessinée par G. Lion faisant partie d'une série sur les souverains.

effet, à répandre le bruit que, en
1871, il avait été sérieusement
question d'une combinaison de
cette espèce, malgré toute son
apparence grotesque; que
Thiers, se souvenant qu'en 1830
la couronne de Belgique fut offerte à un fils de Louis-Philippe,
avait trouvé que le meilleur
moyen de couper court aux prétentions et aux agitations du
parti légitimiste eût été d'appeler au trône de France un monarque constitutionnel ayant,
par sa famille, des attaches
orléanistes.

Conte à dormir debout, soit;

Léopold. — Que les Parisiens aient ac-
clamé Teddy, je m'en fiche, sais-tu ! Mais
il a écrit à Cléo pour une fois, sais-tu !

Croquis de Moriss (*L'Indiscret*,
3 juin 1903).

— mais auquel, l'image de Blass donne entrée dans l'histoire des fantaisies politiques.

Le Léopold II, de Moloch, est un portrait-charge exécuté pour *Le Trombinoscope*, de Touchatout, l'amusante biographie comique des contemporains, dont la publication commencée en mai 1881, devait se continuer plusieurs années durant. C'est bien le profil et le personnage moutonnier au sujet duquel ledit Touchatout écrira ce qui suit :

« La fonction native de ce monarque est de ne pas fonctionner; son rôle, la neutralité.

« Merveilleusement servi par les circonstances, qui semblent avoir fait exprès de placer cet homme nul sur le trône constitutionnel d'un pays neutre, Léopold II n'a qu'à se laisser aller pour pousser la neutralité jusqu'au comble.

« Au physique, le roi Léopold est resté l'enfant touché par la fée Insignifiante.

« Nos lecteurs, pour se rendre compte de l'intelligence qui éclaire cette physionomie, à peu près comme un... citron éclaire une lanterne, n'ont qu'à prendre une pièce de cinq francs à l'effigie de ce monarque; c'est surtout de profil qu'il est curieux à examiner.

« On peut fouiller pendant cinq quarts d'heure consécutifs ces traits fadasses, nuls et insipides, nous défions d'y trouver plus d'expression que dans le galbe d'une porte cochère.

« D'ailleurs, pas plus capable d'une mauvaise action que d'une bonne, soliveau couronné, roi constitutionnel jusque dans la moelle, Sa Banalité Léopold II est certainement le monarque qui contribuera le

plus à discréditer le principe de la monarchie; car elle est la preuve vivante
qu'en fait de souverain, tout ce que le
meilleur peut faire de plus utile, c'est de
ne servir à rien. »

Et c'est pourquoi le caricaturiste l'a
mis sous verre, je veux dire sous globe :
tel un de ces vases-borne jadis si à la
mode pour l'ornementation des che-
minées, vase de tout repos pour couronnes d'orangers.

Mais que penser du texte de Touchatout ? Sous cette forme tintamaresque,
un instant très à la mode, il rend bien

A BERLIN

Guillaume. — Vous les con-
naissez aussi, Léopold, les
soucis du pouvoir : tout n'est
pas rose dans le métier de
souverain.
Léopold. — Pour une fois,
sais-tu, on n'a pas toujours
le cœur à la danse.

la banalité de cette phy-
sionomie, que rien encore
n'était venu éclairer et,
surtout, il semble avoir
prévu le sentiment de
désaffection, de discrédit,
dans lequel, grâce au mo-
narque, se trouve être
tombée, aujourd'hui, la
monarchie belge.

RENCONTRE

La Princesse. — Papa!...
Croquis de Henry Somm pour les *Échos du Rire.*
(*Le Rire,* 6 février et 8 octobre 1904.)

VOICI L'AVRIL!

Le diable devenu ermite. — A tous ceux qui m'embêtent, je ne dis qu'un seul... mot!

Caricature de Caran d'Ache (*Le Journal*, 31 mars 1904).

Léopold l'insignifiant, Léopold le barbu pacifique, Léopold le Pelcbe, déteignant sur le président Grévy par le fait du téléphone — ça, c'était le comble de l'esprit — voilà donc de quelle façon on appréciait le futur protecteur de Cléo, aux approches de 1882. En 1890, lors de l'incendie du château de Laeken où il s'était fait remarquer par sa présence d'esprit, que vit-on? Quelques vignettes pour faits divers illustrés, et ce fut tout. N'est-ce pas *La Caricature,* de Robida, qui s'amusera à donner l'image du *petit pays* et du *petit roi!* De temps à autre, les caricaturistes voulaient bien consentir à aller excursionner à Bruxelles, à rendre visite à ces *pons pelcbes* — toujours le soi-disant esprit parisien! — mais, de Léopold, on parlait peu ou point.

Inconnu ou méconnu, le roi des Belges, en réalité, ne devint pour la satire illustrée un personnage de marque que sur ses vieux jours, et cela par les deux motifs que l'on sait : Cléo et le Congo, tous deux,

LA PRINCESSE DE SÈVRES

— Grand roman nouveau par Henri de Montbéguin, écrit spécialement pour les lecteurs du *Rire*, par l'illustre auteur de *Chaste et violée, la Comtesse avariée, Morte et vivante, la Pègre,* etc.

Caricature de Jehan Testevuide (*Le Rire,* 24 septembre 1904).

— femme et pays, — se terminant en *o*, et devant, ainsi que le prophétisait *le Grelot*, faire tomber, quelque jour, le monarque dans l'eau. Oh! oh!

III

Léopold *le Cléonais*, Léopold *le Congolais* — ces épithètes lui furent jadis données par une spirituelle petite feuille charivarique de Genève, *Le Passe-Partout*; — Léopold qu'on pourrait très justement appeler *le roi de la carte postale*; — car il en a plu, sur lui, et combien! — de ces petits cartons de correspondance qui voient plus facilement les tiroirs des collectionneurs que les timbres de la poste.

— La princesse de Sèvres, par Henri de Montbéguin, n'est pas une fiction ; c'est *l'histoire vécue* d'une femme de sang royal, fille d'un prince cruel et débauché, dont la jeunesse, l'âge mûr et la vieillesse se passèrent au sein des plaisirs les plus impudiques et les plus débilitants.

Caricature de Jehan Testevuide (*Le Rire*, 24 septembre 1904).

Léopold multiples, avec ou sans Cléo — *Léopold roi de la danse, savez-vous ! ! !, Léopold roi des vieux marcheurs,* étreignant la mappe-monde de ses jambes, — qui pourrait les compter tous ces marcheurs infatigables, à la jeunesse éternelle? — Léopold jouant du cor de chasse pour faire danser Cléo aux accents de la Brabançonne; *Léopold amateur de Tanagra modernes; Léopold toutou belge.*

Léopold qui se trouveront en bonne place dans toutes les collections consacrées aux souverains de l'Europe; — *les Effigies; l'Europe en armes; Collection Guignol; Leurs Majestés; le Jeu de massacre européen; les Projets de timbres; les Binettes royales; les Poires augustes; Nos Gouvernants; Insectes couronnés; Petits cadeaux; les Masques souverains, (Pas d'oreilles, vous saveye!)* et bien d'autres.

Léopold dus à Orens, le maître incontesté du genre, à Rostro, à

LE CADAVRE BALLADEUR

— Mes voyages, en France, sont pour moi, véritable-
ment, des questions de vie !

Caricature de O. Weal (*La Gazette de la Capitale,*
17 novembre 1907).

* « Le roi de Belgique
vient toutes les semaines,
en France, pour suivre
un traitement médical. »

Les Gazettes.

Bigot, à Bianco, à Norwins, à Mille, à Ferco, à Espinasse, à Mélina, à
G. Laplagne ; — Léopold que l'on dénommera presque toujours *Ce bon
Léopold, ce cher Cléopold ;* — Léopold que l'on s'habitue à ranger parmi

les célébrités parisiennes et qui, souvent, seront accompagnés de légendes formidablement irrespectueuses.

Dans : *Ce qu'ils en pensent*, série de lithographies sur la question du jour, Rostro fait dire à Cléopold : *Moi j' m'en f... je reste tranquillement dans mon trou !* — et il a Cléo sur ses genoux.

Dans *Ménages Princiers*, l'auteur met dans la bouche de Léopold, s'adressant à une petite marchande de fleurs, cette réponse cruelle : « *'Oh! moi, je suis presque veuf... La reine est toujours à Spa.* »

GALETTE DES ROIS

— Léopold a prononcé : « Comment j'aime manger ma galette ? Apprenez que je n'ai pas pris l'habitude de chuchoter mes secrets dans *le tuyau de l'oreille.* »

Caricature de Th. Barn (*La Chronique amusante*, 4 janvier 1906).

Roi j' m'en foutiste; pour ne pas dire : *le roi des j' m'en foutistes,* car sur toutes les cartes relatives aux affaires générales de l'Europe où apparaissent, avec de multiples légendes, les souverains réunis, invariablement la réponse de Léopold se trouve être : *Moi j' m'en f...*

Il *se f... de la poularde marocaine ;* — il *se f... des Japonais;* — il *se f... des dirigeables ;* — il *se f.... de l'augmentation du prix des denrées;* — il *se f .. de tout.* Le j' m'en foutisme universel élevé à la hauteur d'une institution !

Caricatures, pamphlets, attaques par la plume ou par le crayon, quel que soit leur degré de malveillance, le *bon roi Léopold s'en f...* et c'est cette particularité de son caractère que la carte postale a, le plus,

— Profil de Léopold obtenu à l'aide de l'ombre des mains portée sur un mur.

Silhouette inédite de F. Trewey, le célèbre ombromane, celui que les Anglais ont appelé : *le dessinateur en ombres*.

fait ressortir, à moins qu'elle ne se serve de lui et de Cléo pour forger l'alphabet des amoureux ou qu'elle ne le montre, automobiliste fougueux, *montant sa Cléo*, et faisant avec elle du je ne sais combien fantastique, à l'heure.

Léopold, roi de la carte postale, roi de la publicité, roi de la réclame illustrée! S'il a les défauts d'un moderne essentiellement sceptique, il en a aussi les qualités. Homme d'argent, il comprend admirablement les affaires et, bénévolement, se prête à tous les usages auxquels on veut le faire servir. A ce point de vue, c'est un second prince de Galles, un second Edouard VII.

Et, du reste, pourquoi s'en formaliserait-il? Ne sait-il pas que dans la *grande danse des fous* à laquelle se livre en sa superbe inconscience la société moderne, on a foulé aux pieds tous les respects; que la fameuse majesté du pouvoir royal, elle-même, n'est plus qu'une

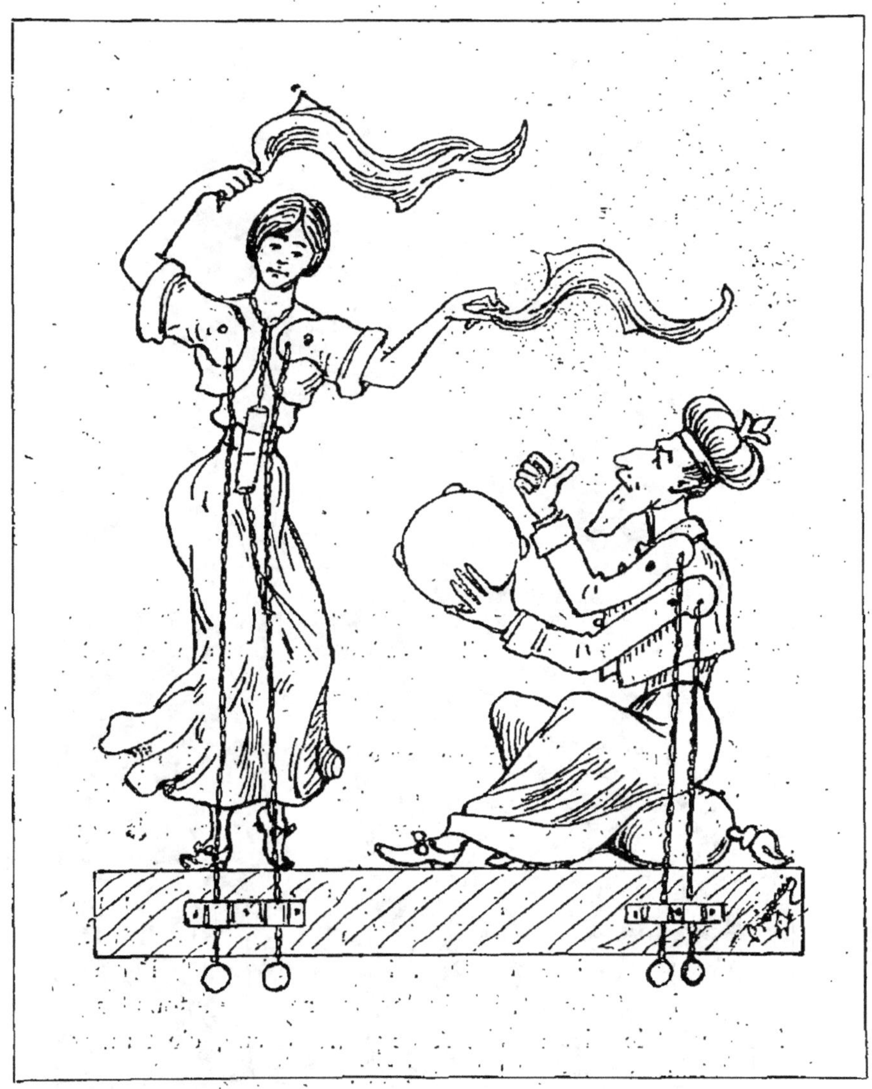

LÉO, CLÉO, ARTISTES ÉMÉRITES DU CONGO

Silhouettes animées mises en mouvement et projetées sur un écran, par F. Trewey, et fabriquées spécialement pour l'auteur de ce livre.

CARTES POSTALES D'ORENS [Nᵒˢ 1, 2, 4] ET DE MOLOCH [Nᵒ 2]
[1901-1905]
Les originaux sont des traits à la plume rehaussés d'un coloris.

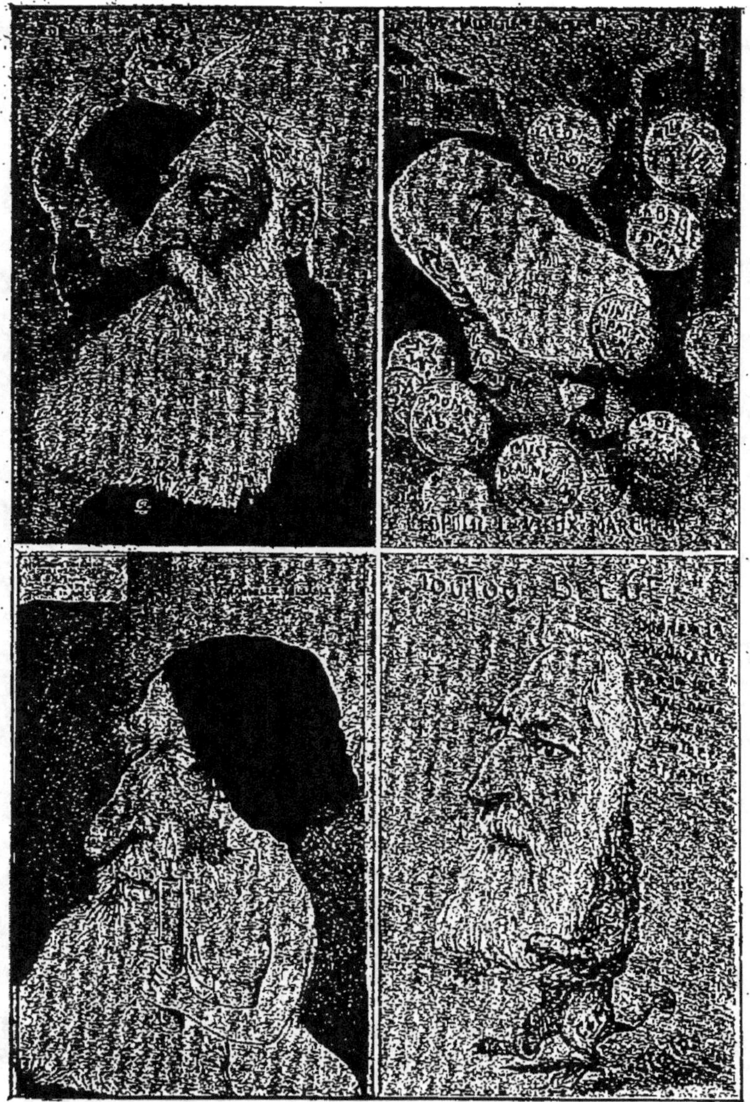

CARTES POSTALES D'ORENS [Nᵒˢ 1, 2, 3] ET DE ROSTRO [Nᵉ 4]
(1903-1906)

Les nᵒˢ 1 et 3 font partie des séries d'Orens gravées à l'eau-forte, le nᵒ 2 appartient à une série lithographiée. La carte de Rostro fait également partie d'une suite lithographiée.

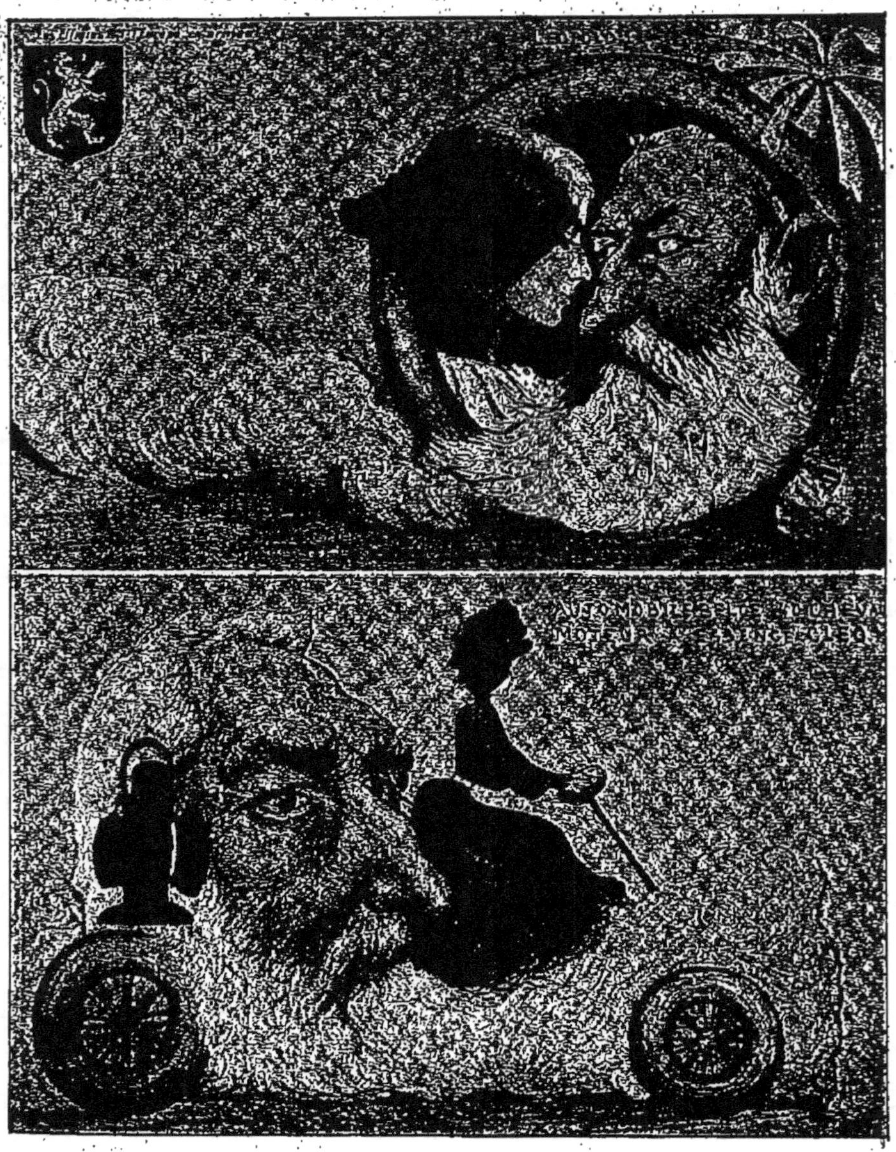

CARTES POSTALES D'ORENS. — D'après les lithographies originales de l'artiste
(1902 et 1904).

Carte postale de G. Bigot faisant partie d'une suite sur les souverains.

LES SOUVERAINS CHAUFFEURS. — Le roi Léopold sur la côte d'Azur.

Carte postale de T. Bianco.

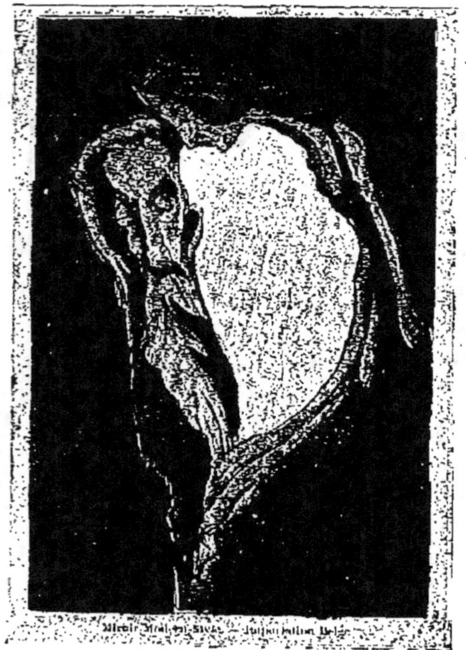

CARTE POSTALE DE G. BIGOT

CARTE POSTALE D'ESPINASSE

vieille blague, que tout le monde *s'en f...* et, lui, le tout premier.

Le respect dû aux porteurs de couronnes! Ah! le bon billet vraiment. Voyez ce que nous répond la réclame illustrée : *Tous les souverains lisent le Cri de Paris*, — et qui ne l'a admirée, comme elle le mérite, la spirituelle composition de Roubille? — Tous les souverains donnent leur avis sur le *Goudron Barthomeuf*, et l'affiche pour ce produit, insère, comme suit, l'appréciation de l'*Empereur du Congo* : « *Digestif, sain, rafraîchissant, le Goudron a toutes ces qualités : pris avant le coucher, il en a d'autres, cependant. C'est à toi, monsieur, sais-tu, de les chercher!* »

Ces « qualités », pas besoin de les chercher bien loin puisque Léopold foule aux pieds *l'art d'être père*, tandis que Cléo apparaît, — objet minuscule, dans le grand lit royal, — puis voici la *Carte-adresse du tailleur Lejeune*, le beau Léïopold avec le non moins beau Crozier, dont la poitrine sert de vitrine ambulante pour décorations ; — les *Cigarettes Akir*, Léopold, le chapeau à la main, type de vieux marcheur impénitent, demandant, en gentleman correct, du feu à un petit bout d'homme qui se hausse jusqu'au Roi, sans plus s'émouvoir — et les affiches-réclame pour les automobiles, pour les music-hall ; pour les liqueurs, pour les comestibles. Qu'il s'agisse de *l'Albambra*, du *Moulin Rouge*, des *Folies-Bergère* ou de *l'Apollo*, il est au premier rang de ceux qui créent la mode et décrètent le succès. Réclames multiples : réclame pour le *Chambord*, pour le *Dubonnet*, pour le *Champagne Mumm* (avec Cléo), pour les sardines *Amieux*, pour la *Menthe-Pastille*, la menthe Giffard, celle qui, en d'amusantes grandes affiches, réunissait tous les souverains au Tribunal de La Haye.

— Deux inséparables. Toujours jeunes grâce au Chambord.

Caricature-réclame pour ce produit.

Affiche de E. Ogé pour les cigarettes « Akir ».

Mais ce qui est à noter, car cela confirme tout ce qui a pu être déjà dit sur ce sujet, c'est que Léopold prend place sur des prospectus belges, et même, sur des affiches belges placardées en plein Bruxelles. Typique, entre toutes, la réclame pour les machines à écrire « *Smith-Premier* », mettant en parallèle la royauté à plume d'oie avec le monarque écrivant et signant lui-même, et la royauté à clavier avec le roi dictant des lettres qui, comme de vulgaires commandes commerciales, porteront en tous coins des reproductions de machines à écrire, — et, dans un autre ordre d'idées, l'affiche de *La Dernière Heure*, — le roi venant d'acheter son numéro, et causant avec le vendeur.

— Carte-adresse du tailleur Lejeune représentant Léopold II et Crozier (*Recto*).
Image découpée, dessinée par Gros (1902).

* Le tailleur Lejeune qui, depuis longtemps, couvre les murs de Paris d'affiches d'un très heureux effet, a imaginé une série de portraits découpés deux à deux, faisant ainsi défiler de multiples figures parisiennes, alors même que... belges, — Léopold et Crozier, Rostand et Coquelin, Rochefort et Santos-Dumont — lesquelles invariablement échangent entre elles un court dialogue dont la réponse est une invite à se rendre chez ledit tailleur.

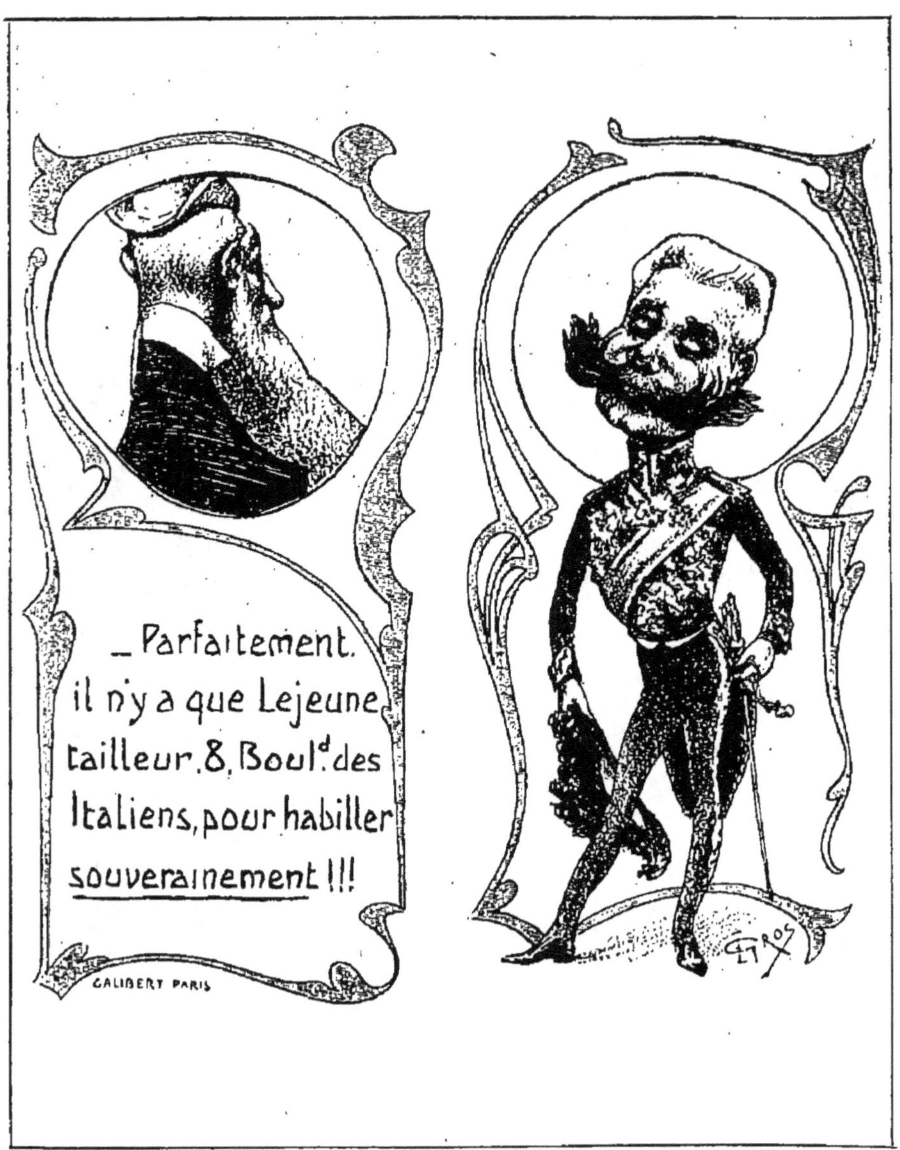

— Carte-adresse du tailleur Lejeune représentant Léopold II et Crozier (*Verso*).

Image découpée, dessinée par Gros (1902).

— Panneau d'une des grandes affiches du *Goudron Barthomeuf* mettant en scène plusieurs souverains ou chefs d'Etat.

D'après une composition de E. Ogé.

— Caricature de Roubille servant de réclame au *Cri de Paris*.

Léopold est, comme on le voit, au premier plan, tenant en main le spirituel journal que tous les souverains cherchent également à lire.

— Couverture en couleurs d'un prospectus de machines à écrire, distribué à Bruxelles.

(Collection du Dr Georges Baillère.)

Le roi premier bourgeois du pays! La démocratie coulant à pleins bords! Te voilà bien, majesté du pouvoir, en l'an de grâce 1908.

Décidément, pour avoir encore quelque respect envers les souverains, il n'y a plus que la République; — la République pleine de tendresse à l'égard des porteurs de sceptres qui viennent mener chez elle la vie de la grande noce.

Et de quelle ironie amusante paraît-être, aujourd'hui, cette légende d'une caricature du *Rire*, de 1900 :

« — Ah! ça. Qu'est-ce qu'ils regardent donc tous? Je ne vois rien de bien intéressant.

« — Qu'est-ce que tout le monde attend donc?

« — Nous attendons le roi des Belges. »

Que les temps sont changés!

On l'attendait, alors. Aujourd'hui, ce sont ses sujets qui le réclament. En 1900, c'étaient encore les *grenouilles parisiennes* demandant à voir un Roi. En 1908, ce sont les *gouvernés belges* réclamant à tous les échos de la Seine leur gouvernant.

Le roi des Belges et des Belles! Le roi de l'or et du Congo! du Caoutchouc et de l'Ivoire! car c'est en cette dernière particularité, surtout, que réside son actuelle popularité, et c'est à ces points de vue que nous allons le considérer, revenant à la caricature proprement dite après cette incursion dans le domaine de la carte postale et de l'affiche-réclame, domaine très spécial dont il se trouve être plus que jamais une des personnalités maîtresses.

IV

Il ne s'agit plus, pour l'instant, du monarque qu'on a pu voir en première place sur les voitures *Unic* avec le tout Paris royal et mondain, ni du roi de carreau qui, avec son cousin Edouard, raccrochait, sur les murs de Paris, les amateurs de la Dame de Pique, ni même du personnage ayant sur les bras un poupard à poupée *cléomérodienne*, emboîtant le pas à Fallières et à Clemenceau, pour aller, *le vendredi*

13 *mars* 1908 « acheter la Pochette-surprise contenant la Fortune, l'Agréable et l'Utile. »

Celui qui va défiler devant nous, c'est l'homme intime, c'est le père, le thésauriseur, le brasseur d'affaires.

Indifférence pour tout ce qui n'est pas lui ; indépendance absolue du cœur, dureté inouïe à l'égard des siens, passion immodérée de l'argent, voilà ce que des centaines d'images se feront un malin plaisir de lui reprocher.

Dans *le Journal*, Caran d'Ache le transformera en vieil ermite au nez crochu, lançant d'un geste bref, cette apostrophe significative en son éloquente simplicité : « A ceux qui m'embêtent je ne dis qu'un seul mot ! »

Et ce « seul mot », non spécifié, n'a pas besoin d'autre explication.

LÉOPOLD A OSTENDE

— Non, ce que j'ai de la déveine avec mes enfants ? Ne voilà-t-il pas maintenant qu'ils veulent, à nouveau, déclarer ma Louise absolument saine d'esprit.

(*Jugend*, de Munich, 15 septembre 1904.)

Dans le *Weekblad voor Nederland*, Johan Braakensiek, le maître hollandais dont les compositions revêtent, en même temps, une portée philosophique et historique, le représentera prêt à jeter la couronne au vent. « Voyons ! » clame-t-il à ses sujets, « si vous n'êtes pas contents, vous pouvez m'embrasser quelque part. Si vous ne comprenez pas le flamand, je m'exprimerai en français. »

Et dans maint journal satirique, de Berlin ou de Vienne, la même idée se retrouvera... différemment exposée. « Je suis un roi peu exigeant », diront les socialistes *Neue Glüblichter* « je ne demande qu'une

— Affiche du dessinateur E. Flasschoen pour annoncer l'agrandissement du journal *La Dernière Heure*, de Bruxelles, grand journal du soir, progressiste socialiste, fondé en 1906, et distribuant, chaque jour, deux numéros absolument différents.

* *Jef*, c'est le **type** du gamin des rues à Bruxelles.

SAINT ANTOINE
DE BRUXELLES

(*Lustige Blätter*, de
Berlin.)

chose, c'est qu'on me f... la paix ! » Ce à quoi ledit journal répondra lui-même, en objectant : « Fort bien, mais alors f... la paix au pays, et surtout rendez l'argent. »

Rendre l'argent ! tel semble être en réalité le fond de la querelle existant à l'état latent, entre le souverain et son peuple. Ce dernier trouve en effet que ce monarque, toujours absent, ne faisant parler de lui que par ses frasques ou ses histoires d'auto écraseur, lui revient particulièrement cher ; alors que les illustrés représentent à l'envi le seigneur et maître — tel un vieil usurier — empilant les sacs d'écus, enserrant de ses doigts crochus les pièces d'or, disposant à son gré de la part de ses filles et la distribuant royalement, trop royalement même, à ses maitresses : « De grâce papa » lira-t-on au-dessous d'une caricature du *Simplicissimus*, montrant les princesses Louise et Stéphanie pauvrement vêtues, et l'air minable : « Donne-nous, au moins, les vieilles robes de ta Cléo », tandis que les *Wiener Caricaturen* mettent en scène le souverain présentant à Cléo un coffret plein de bijoux de prix : « Prends, ô ma chère Cléo, la part que j'ai enlevée à ma fille. Il faut bien que je puisse montrer au grand jour ma générosité. »

La satire a beau le viser de ses traits acérés, Léopold entend ne faire

— De l'avis général, le possesseur du plus beau nez est le roi Léopold de Belgique. Il est sur le chemin de Vienne à Paris pour montrer à ses amies, en cette dernière ville, ce rare morceau de luxe.

(*Jugend*, de Munich, novembre 1903.)

que ce qu'il veut. Caractéristique entre toutes, l'image du *Figaro* qui, en une série de petites vignettes, récapitule l'odyssée de Louise de Cobourg : au-dessous d'un Léopold entouré de sacs d'écus tandis que, devant lui, s'alignent des traites, se lit la légende suivante qui pourrait ici servir de conclusion : « Léopold donne sa bénédiction aux enfants de sa Maison, mais ne paye pas leurs dettes. »

Et, soit par la plume, soit par le crayon, ces ironies iront toujours s'accentuant jusqu'au moment où, mettant le comble à l'impudeur,

LUNE DE MIEL BELGE

— Après tout, cher trésor, chez nous c'est cependant plus gai qu'en Russie, où malgré mainte révolution, l'on ne peut pas arriver à une constitution solide.
— Mais, mon Léopold, ta constitution n'est plus guère solide, maintenant !

(*Jugend*, de Munich, 3 janvier 1906.)

Léopold laissera vendre bijoux, dentelles, linge, toilette, en un mot, toute la succession intime de la reine Marie-Henriette. Alors, la satire ne connaîtra plus de bornes; alors, dans la plupart des pays européens, elle armera le crayon des dessinateurs contre ce monarque qui n'a même plus le respect des biens de la couronne, contre ce père qui, perdant toute notion des devoirs de famille, laisse annoncer la vente des toilettes de sa fille (la princesse Louise), réclame sans cesse, de nouvelles dotations, affiche, pour ainsi dire, la prétention d'imposer au pays ses enfants naturels.

Et ce sont toutes ces histoires scandaleuses qui, ajoutées au grief principal : voyages constants, pour ne pas dire absence permanente, fini-

AU BOIS DE BOULOGNE

— Mon Dieu ! Dans ma distraction, j'eus pour un peu salué ma propre fille !

(*Ulk*, de Berlin, 16 septembre 1904.)

ront par créer entre la nation et le souverain la guerre sourde arrivant peu à peu à un état d'hostilité avérée.

Les difficultés avec la nation ! Comme le rappellent les images ici reproduites, elles existèrent plus ou moins de tout temps. C'est-à-dire que, en Belgique comme en Allemagne, malgré le principe constitutionnel de la monarchie belge, le Roi prétendit, plus d'une fois, imposer au pays une politique contraire à ses aspirations; et faire prévaloir ses opinions personnelles, en matière scolaire, en matière militaire, en matière électorale. Une question, celle des forts d'Anvers, amena de véritables luttes qui durent encore à l'heure actuelle.

Armée, marine, commerce, l'avenir, la prospérité, la grandeur du pays, tout cela, en mainte circonstance, se trouva mis en jeu. Grâce à ces forts d'Anvers on alla jusqu'à accuser le monarque d'avoir voulu transformer le pays en un vaste camp retranché. Un instant même la garde civique parut être menacée dans son existence, pour céder la place à je ne sais quel fantastique projet d'armée permanente.

Dans cette lutte de la caricature européenne contre un souverain qui prêtera le flanc à tant de critiques, tous les pays ne se serviront pas indistinctement des mêmes armes, ou, plutôt, certains pays s'intéresseront plus spécialement à des arguments qui laisseront les autres indifférents. Ici, il fera en quelque sorte, partie intégrante de toute satire illustrée dirigée, dans son ensemble, contre les monarques européens; qu'il s'agisse de congrès, de bains de mer, ou du fameux concert européen depuis tant d'années assaisonné aux sauces les plus diverses; — là, c'est la politique intérieure du pays qui tiendra la première place et point besoin de dire que les images de cette espèce viennent de la Hollande à laquelle on a pu enlever la Belgique, mais qui s'intéresse toujours à sa voisine, qui suit d'un esprit avisé ses crises ministérielles, et qui se berce toujours d'un rapprochement illusoire sous forme de *convention douanière*, d'*union commerciale* ou *industrielle*. Ailleurs, je veux dire dans les illustrés socialistes d'Allemagne ou d'Autriche, toutes les crises : ministérielle, sociale, électorale — seront interprétées en faveur de la Révolution contre le Roi des-

CLÉOPOLD DE MÉRODE

Portrait-charge par R. Hille.

(*Der liebe Augustin*, de Vienne, 1904.)

potique quoique constitutionnel, qui ne cache point son mépris à
l'égard des nouvelles couches.

En réalité, si Cléopold, ami de la danse et des bandeaux plats,
reste une figure éminemment parisienne, Léopold administrateur, roi et même empereur du Congo, Léopold *roi de l'ivoire et du caoutchouc*, Léopold *fouetteur d'esclaves*, Léopold *autocrate européano-africain* faisant le tour du pays avec sa lanière de peau d'hippopotame, deviendra une des figures les plus répandues de la caricature européenne.

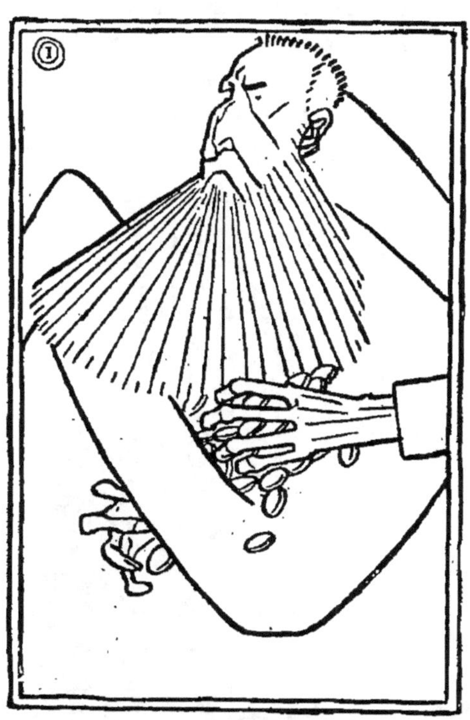

— Depuis dix ans que *le Simplicissimus* empoisonne la vie publique, jetons un regard en arrière,... le roi Léopold ne s'est point amélioré.

Caricature de O. Gulbransson (*Simplicissimus*, de Munich, 1905).

Le Congo ne fut-il pas le grand argument, la source des attaques qui devaient pleuvoir, de toutes parts, sur le malheureux souverain transformé en marchand, en trafiquant, accusé des crimes les plus noirs — le contraire eut surpris! — mis par les Anglais, sous ce prétexte, au banc de la civilisation.

Que ce soit en Hollande, en Italie, en Allemagne, en Suisse, en Angleterre, en France même, partout les crayons se montrèrent violents à l'égard du *royal fabricant de caoutchouc*. En de multiples caricatures, dont on peut voir ici quelques intéressants spécimens, l'ami de Cléo se trouva, très vite, transformé en une sorte de Léopold négrier, essayant en vain de se blanchir, lui et son polisson d'enfant, *avec le savon du*

Congo. Depuis un certain temps, une rubrique s'était ouverte dans la presse quotidienne sous le titre prometteur : *Les atrocités du Congo.* A son tour, la presse illustrée se mit de la partie, et l'on vit apparaître en toutes langues, sous la signature des crayons les plus différents, *Les Assassins couronnés, Les Grands criminels de l'histoire, Les Tortionnaires du peuple, Les Sauvages de l'Europe, Les Malades illustres,* — ces derniers se refaisant une santé à l'aide du classique verre de sang — perpétuelle trinité de personnages qui, invariablement, plaçait

<table>
<tr><td>

LA FUREUR DE CLÉOPOLD

— Qu'une princesse de sang royal s'amourache d'un professeur de français, d'un peintre ou d'un majordome, passe encore; mais d'un... Bonaparte. Cela dépasse les bornes ! (1)

</td><td>

LE ROI DES BELGES ET DES... BELLES

— Les médecins m'ont interdit le tourisme, le cyclisme, l'automobilisme; vous allez voir qu'avant peu on me défendra le *cléodemerodisme.*

</td></tr>
</table>

(Caricatures du *Pasquino,* de Turin, 1905.)

(1) A propos des amours de la princesse Clémentine, la plus jeune des filles du Roi.

Avis aux seigneurs anarchistes.

Léopold. — Dieu protège les Belges et Cléo
protège le Roi...

Vignette de Gib (*Illustrazione italiana,*
de Milan).

moitié sérieux, moitié badin, comment
les Européens colonisent. *La névrose
coloniale,* ainsi que l'intitule si justement le Dr Lucien Nass dans son
intéressant volume : *Les névrosés de
l'Histoire* devint un sujet cher aux caricaturistes. Et tout naturellement le
Belge devait avoir sa place dans cette
galerie de colonisateurs brevetés où
chacun apparaît avec les qualités particulières à sa race. Or, le Belge, ce
fut toujours notre bon Léopold, Léo-

Léopold aux côtés du Tsar et
du Sultan, les « deux mons-
tres altérés de sang ». Si bien
que le placide Cobourg se
trouvait généreusement gra-
tifié, lui aussi, de l'épithète,
peut-être un peu grosse, de
sanguinaire. Ne l'accusait-on
pas d'avoir laissé traîner dans
le sang la couronne de Belgique ; ne le montrait-on pas
donnant au tsar des leçons
de sauvagerie !

Peu à peu, de multiples
images émirent la prétention
de nous montrer sous un jour

... et l'histoire dira : « le bon Léopold a préféré une couronne de *roses*
à la couronne royale.

Vignette de Gib (*Illustrazione
italiana,* de Milan).

pold occupé à déguster les bons morceaux du rôti congolais ou thésaurisant, avec un soin jaloux, les trésors de même provenance.

Le Belge, je veux dire Léopold, en fit-il plus au Congo que ses cousins européens dans les autres contrées africaines? La question que je ne me charge point de résoudre pourrait être posée et donnerait lieu, certainement, à un intéressant concours. Le concours de la férocité, de la barbarie des blancs dans leurs rapports avec les noirs; le concours du degré de civilisation des soi-disant civilisés dans leurs rapports avec les non civilisés!

Parlant de la série de crimes odieux qui ont ensanglanté la brousse africaine et la rizière tonkinoise, déshonorant ainsi le nom français, le Dr Lucien Nass dit avec beaucoup de justesse : « Nous n'avons, du reste, aucun monopole de barbarie ou de cruauté. Tous les peuples d'Europe rivalisent à cet endroit, lorsqu'ils tentent, soit la conquête, soit la colonisation d'un pays prétendu fermé à la civilisation. L'Angleterre nous a même dépassés et il nous sera difficile de la rattraper jamais sur ce terrain. Elle a emprunté à l'antique Rome ses moyens, ses procédés d'assimilation des pays annexés, de sorte que, chez elle, la cruauté est calculée, voulue, systématisée, tandis que chez nos coloniaux, elle n'est que l'explosion d'instincts brutalement déchaînés. »

La chose terrible en ces questions coloniales, c'est que le monde civilisé

— Exercices de haute école princière sur le théâtre des Variétés mondaines.

(*Kikeriki*, de Vienne, 7 avril 1907.)

* Cette vignette fait partie d'une sorte de tryptique, Niki, c'est-à-dire Nicolas II, Peterl (de Serbie) et Willi (Guillaume II) se livrant, aux côtés de Léopold, à des exercices non moins appropriés à leur nature particulière.

LE PAUVRE « KLÉOPOLD »

— Chère enfant, quel malheureux père je suis ! Toutes mes filles se prennent de querelle avec moi.

(*Wiener Caricaturen*, 1907.)

* La princesse Clémentine se mariera contre la volonté de son père.

(*Les journaux.*)

semble avoir été atteinte ne sont pas, toutes, identiques : car si l'on perçoit parfaitement les motifs qui dictèrent les accusations et les attaques des *congophobes* de bonne foi, peut-être se-

se trouve, à vrai dire, partagé en *anglophiles* et en *anglophobes*, les uns ne cessant de porter aux nues l'œuvre civilisatrice de l'Angleterre, les autres chargeant la perfide Albion des crimes les plus noirs. Et c'est cette *anglophilie* et cette *anglophobie* qui ont quelque peu troublé le jugement des contemporains, donnant par la suite naissance à ce qu'on pourrait appeler la *congophilie* et la *congophobie*, quoique, en réalité, lorsqu'on examine avec attention les images congolaises sur Léopold, la part de la *congophilie* se réduise à bien peu de chose.

Mais les raisons de la *congophobie aiguë* dont l'Europe

RÉBUS POLITIQUE

Solution. — Une séance agitée à la chambre Belge.

(*Kikeriki*, de Vienne, 19 mai 1907.)

VENTE AUX ENCHÈRES À LA COUR ROYALE DE BRUXELLES

— « Regarde donc, mon petit Léopold! Ne connais-tu pas ces pantalons? Je les ai achetés à la succession de ta femme. »

Caricature de F. von Reznicek (*Simplicissimus*, de Munich, 4 novembre 1907).

ORDRES NOUVEAUX.
L'ORDRE DE LOUISE,

Avec la devise : « Nunquam Retrorsum ».

Caricature de F. Graetz (*Der Floh*,
de Vienne).

* En haut, tout contre les cœurs, les traits
impayées de la princesse.

rait-il particulièrement délicat de rechercher les causes pour lesquelles beaucoup de ceux qu'on pourrait appeler les *congophobes* » par esprit de convoitise ou de jalousie » ne cessent d'inviter le gouvernement anglais à user de son influence pour, par tous les moyens, mettre fin au « despotisme sanguinaire du roi Léopold ».

Pourquoi toujours l'Angleterre ? Et pourquoi pas, au même titre, la France et les autres grandes puissances européennes parvenues, ce semble, à un égal degré de civilisation.

Si les caricatures mentionnées, plus haut, laissent facilement percevoir la part de l'*anglophilie*, peut-être, avec non moins de facilité, taxerat-on également d'*anglophobie* certaines images ici reproduites qu'on verra à travers les pages, en feuilletant le livre, et dont les légendes sont évidemment significatives.

— « Petit (c'est à Cléo que s'adressait ce petit mot d'amitié), va dire à ce gros-là (Édouard VII), qu'il se mêle de ses Cafres ! »

Ou bien :

— « Qu'est-ce qu'ils ont donc à nous raconter, avec les atrocités du Congo !... L'on voit bien que ces journalistes ont du temps à perdre ! ! Diable ! je ne suis pas le seul au monde ! ! »

Ici l'esprit de satire perce sous une forme indirecte. L'Angleterre a l'air de faire la morale à Léopold en lui laissant entrevoir que la colonisation ne peut réussir que par la moralité, mais comme John Bull a, à ses côtés, la Bible, un baril de rhum, des obus et des revolvers chargés, on comprend immédiatement le sens de la leçon faite à notre pauvre écolier, Léopold.

Là, au contraire, l'allusion est directe.

Léopold s'adresse à M. Loubet, et il lui dit :

« Que dites-vous de cela? John Bull prétend que j'ai martyrisé, volé, massacré, encore plus que lui... » Ce à quoi M. Loubet répond : « Non, Majesté, cela est impossible! »

En réalité, l'imagerie caricaturale congolaise, fut presque toujours une arme à deux tranchants, un prétexte pour viser particulièrement Léopold ou l'Angleterre suivant les opinions personnelles de ceux qui tenaient les crayons. Cependant, il convient d'observer qu'elle ne fut

Léopold. — Voyons! Si vous n'êtes pas contents, vous pouvez m'embrasser quelque part. Et si vous ne me comprenez pas, je vous le dirai en français.
(La légende est, ici, en patois flamand).

Caricature de Johann Braakensiek (*Weekblad voor Nederland*, d'Amsterdam, Janvier 1897).

CORRECTION DONNÉE PAR LE SUFFRAGE UNIVERSEL EN BELGIQUE

(*Der Wahre Jacob*, de Stuttgart, 15 août 1899.)

pas uniquement une arme de combat, qu'elle a su s'élever jusqu'aux sphères plus élevées de la saine justice en flétrissant sans exception, chaque fois que l'occasion s'en est offerte à elle, les honteux procédés de colonisation auxquels ont eu plus ou moins recours les états européens, c'est-à-dire ceux qui affichent la prétention de marcher à la tête de la civilisation.

Revenons au Congo belge et à son Roi blanc.

Comme le pamphlet, comme le livre, la caricature a, plus d'une fois, visé ce fameux *Domaine de la Couronne* soi-disant destiné à créer des établissements d'utilité matérielle, intellectuelle ou morale et qui est bien la chose la plus mystérieuse qui soit. J'ai dit plus haut comment M. Edmond Cattier, le savant professeur de droit à l'Université de Bruxelles, l'avait qualifié, en son remarquable travail d'enquête et

UNE TEMPÊTE DANGEREUSE SÉVIT SUR L'EUROPE

Caricature de Rata Langa (*Der Wahre Jacob*, de Stuttgart, 26 septembre 1899).

Cette image vise les troubles qui éclatèrent alors en Belgique, en Espagne et en Italie.

de recherche, *Étude sur la situation de l'État indépendant du Congo*: « un moyen d'arriver à des travaux somptuaires en Belgique, à des achats de consciences, à de louches et obscurs marchés. »

N'est-ce pas grâce à lui, grâce à ses fonds secrets que fut créé le fameux bureau de la Presse d'où sortirent — véritable nuée de canards congolais — les articles élogieux et souvent dithyrambiques qui de temps à autre ornent les papiers amis de l'État indépendant ; n'est-ce pas lui qui subventionne grassement certaines publications périodiques parfaitement inconnues.

LES ROIS A PARIS

Le doyen d'âge. — Mes chers confrères en royauté, vive le principe de l'état monarchique, tempéré par un séjour aussi fréquent que possible dans une République organisée le plus confortablement du monde! Hurrah!

              Caricature de Feininger (*Ulk*, de Berlin, 15 décembre 1905).

* Les collègues ou confrères de Léopold, comme on voudra les appeler, sont, au premier rang, Edouard VII qui met en pratique le sans-gêne américain; Alphonse XIII, qu'une main amie coiffe d'une couronne qui a plus ou moins l'allure d'une cocotte en papier, le gros et gras Carlos de Portugal, prêt à s'oublier dans les bras d'une hétaïre parisienne, tandis que le roi de Grèce se contente d'apparaître de dos, déjà quelque peu éméché.

Les anticongolais léopoldiens sans avoir à eux ni *Domaine de la Couronne* ni *bureau de la presse* n'en répondirent pas moins par des pamphlets, des almanachs, des hebdomadaires illustrés. Qu'il me soit permis d'ajouter à ceux déjà mentionnés plus haut : *le Moniteur du Congo* dont une caricature est ici reproduite, *le Savon du Congo*, « journal à l'usage des gens qui n'ont pas les mains propres », *le Congo laid*, feuille de carnaval lancée par un groupe d'étudiants.

LA BELGIQUE ET L'ÉTAT DU CONGO

Le roi Léopold. — Ecoute, mon brave, je voulais te léguer ce petit cadeau, mais après réflexion, je préfère te le céder tout de suite.

Jefken (le paysan belge). — *Savez-vous* (en français dans l'original), Sire, je crains que cet animal y ne soit vraiment trop grand pour mon poulailler.

Caricature de Johann Braakensiek (Weekblad voor Nederland,
d'Amsterdam, 13 janvier, 1895).

Et ce qu'il importe de noter, c'est que l'étranger ne tarda pas à suivre l'exemple que lui donnait la Belgique.

Dans une amusante historiette d'un journal hollandais : *De Notenkraker*, d'Amsterdam, destinée à illustrer les faits et gestes du joyeux souverain, ne lit-on pas :

> Le roi possède, comme on sait,
> Une contrée qui s'appelle le Congo,
> Où le peuple noir vit en paix,
> Heureux d'avoir un tel souveraingo.

En paix! il faut s'entendre, car pour l'image c'est la *paix du tombeau*

Vignette pour une page de l'album de caricatures politiques de S. M. l'Impératrice
de Russie.

Caricature de G. Lion (*Mon Dimanche*, 6 septembre 1903).

et pour qu'on ne se trompe point sur son compte, pour le mieux pré-
ciser, les dessinateurs alignent, invariablement, crânes et ossements,
les habituels attributs de la paix définitive, « les seules richesses
créées sur les 253 millions d'hectares de terres nues découvertes par
Stanley et de Brazza. »

L'*Etat indépendant* du Congo, ainsi nommé, disait le *Charivari*, en des
propos coloniaux, parce qu'il est tout ce qu'il *y a de plus dépendant* du
grand financier Léopold ; — Empire paradoxal, administré et mené à la
baguette par un roi des Belges, mais restant, en réalité, étranger à la
Belgique ; un vaste désert qu'un savonnier intelligent — Vayssier
qu'en dis-tu ! — trouvera moyen de populariser à l'infini et de débiter,
de par le monde, sous forme de pains de savon.

Les Belges lavant la tête à leur Roi avec le savon du Congo — ça c'est

COMMERCE DIPLOMATIQUE DE VACHES

Paysan [leo] *poldien* [c'est-à-dire Léopold]. — Veux-tu laisser mes vaches en paix, ou bien alors...
Paysan [John] *Bull* [c'est-à-dire Edouard VII]. — Je voulais simplement te demander si tu serais disposé à me céder ces deux jeunes bœufs.
Paysan poldien. — Oui, attends un peu, je vais te donner quelque chose jusqu'à ce que le voisin, *paysan Franc,* arrive (c'est-à-dire le Français que l'on aperçoit une massue en main).

Caricature de F. Boscovits (*Nebelspalter,* de Zurich, 12 septembre 1903).

* Sur la jeune génisse on lit : *Bahr-el-Ghazal,* sur le bœuf *Etat du Congo* avec ces appréciations, *commerce des esclaves* et *barbarie.* Le chien qui aboye, au premier plan, est censé représenter le ministre anglais Balfour.

le deuxième acte, ce que verra se produire l'année 1908. Mais antérieurement, c'était Léopold qui s'était chargé de l'opération, lavant tant et si bien la tête de ses bons sujets, qu'un peu plus ces derniers eussent pu faire concurrence à l'invalide à la tête de bois. Plus de cheveux. Un crâne lisse !

LÉOPOLD ET LES REPRÉSENTATIONS ANGLAISES

— Petit, va dire à ce gros-là qu'il se mêle de ses Cafres !

(*Le Grelot*, 13 septembre 1903.)

Domaine de la Couronne — Domaine livré aux compagnies dont le Roi est l'associé personnel — *Domaine soi-disant national*, mais en réalité exploité sous le contrôle unique du Souverain ; — ces trois caricatures d'état ont été représentées par les Anglais en images suggestives. Et de façon non moins claire, ils nous ont montré ce qu'il fallait entendre du « Congo, vaste contrée librement ouverte au commerce. »

La vaste contrée ouverte à tous, c'est bel et bien la propriété privée de M. Léopold, avec cette recommandation toute spéciale : *Entrée interdite aux philanthropes.* Le Congo, c'est « son Congo » et, effectivement quand il présente à Mme Belgia sa belle négresse, il ne manque pas de dire : mon *Congo.* Mais, la Belgique est là, la Belgique veille, et dès avril 1907, le toujours vibrant artiste, Braakensiek, lui faisait répondre.

LÉOPOLD (montrant à l'Allemagne ce qui se passe
dans ses colonies.)

— Jamais, en aucun temps, des actes de cruauté n'ont été exercés au
Congo; nous n'avons fait que suivre la méthode d'enseignement de Dippolds.

(*Ulk*, de Berlin, 23 octobre 1903.)

dans *Weekblad voor Nederland* : « non pas *votre* Congo; elle sera *ma
servante* ».

Son Congo! Ne fut-il pas un père pour les petits Congolais! Si l'on
en doutait, l'hymne *Gloire à Léopold*, spirituelle image publiée par le
Kladderadatsch, de Berlin, suffirait à convaincre les plus incrédules :
« Nous apportons l'ivoire, nous arrachons le caoutchouc, et, pour
récompense, notre tête roule à terre. » La satire est d'autant plus
amusante qu'elle apparaît sous forme de caricature musicale, genre
peu connu et très spécial aux Allemands.

Partout, dans la presse illustrée, le *Congo-voyageur* s'est fait la réputation d'un *joyeux négrier*, ayant réponse à tout et ne se faisant point
faute de dire qu'il n'a fait que suivre en son royaume la méthode
d'enseignement allemande; la « méthode de Dippolds », quoiqu'il soit

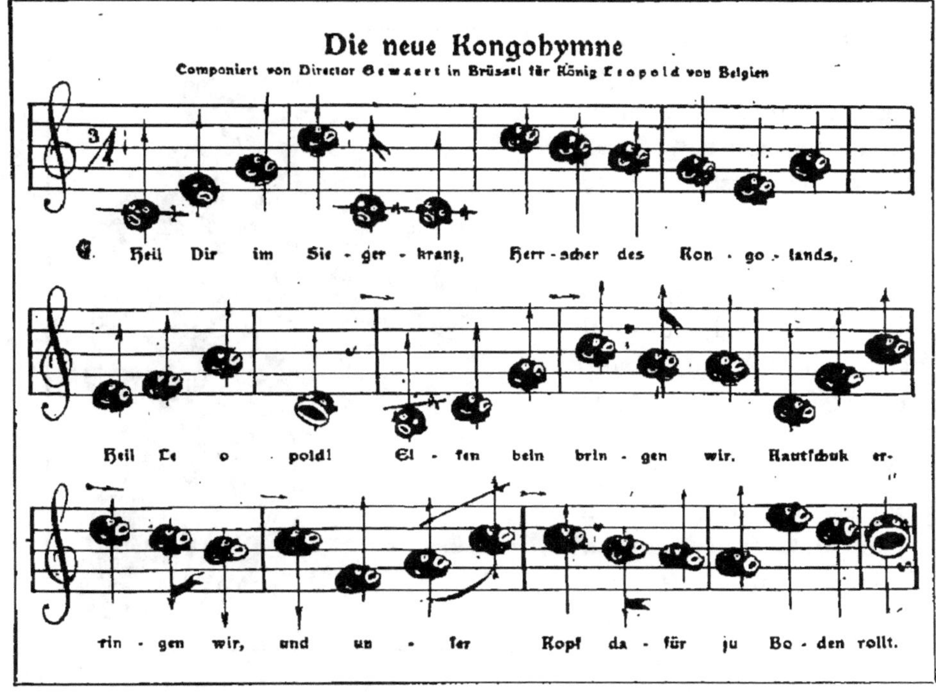

LE NOUVEL HYMNE DU CONGO

Composé par le directeur Gewaert à Bruxelles, pour le roi Léopold de Belgique.

— « Gloire à toi, couronné de lauriers, souverain maître du Congo! Gloire à Léopold Nous apportons l'ivoire, nous arrachons le caoutchouc, et, pour récompense, notre tête roule à terre. »

(*Kladderadatsch*, de Berlin, 11 décembre 1904.)

° Il s'agit, ici, du musicien et musicologue Gewaert, directeur du Conservatoire de Musique de Bruxelles.

en réalité malade à la suite d'indigestions congolaises, ce qu'on appelle des *congogestions*.

Bref, après avoir partout colporté sa marchandise, après l'avoir offerte à la France, le *joyeux négrier* s'est décidé au *royal cadeau* qui ne se trouve être, en somme, que la réalisation d'une promesse jadis faite par lui!

« Royal cadeau ! » C'est ce qu'affirment pompeusement, ce que claironnent partout les journaux à la solde de la cassette congolaise. Mais, beaucoup moins enthousiastes, les Belges disent *simple reprise*, et ils sont dans le vrai, puisqu'ils avaient pris à leur charge une partie de la dette congolaise.

En constituant des groupes d'études, en envoyant des années durant missions sur missions, qu'avait voulu Léopold ? Chercher au continent noir quelque chose à faire ; une entreprise de bon rapport.

LA COURONNE ROYALE

Cléopold. — Eh bien, cette fois, elle a besoin d'être nettoyée à fond !

(*Der Wahre Jacob*, 17 mai 1904.)

LES LAMENTATIONS DU ROI

J'ai perdu ma fille,
Ma fille était une princesse ;
J'ai perdu ma Cléo,
Ma Cléo était ma maîtresse,
Et je vais perdre mon Congo
Au prochain congrès de La Haye.
Je n'ai plus rien à perdre
Et j'ai assez de la vie, oh !
Car les trois égal ment me coûtent
Mon argent, mon argent, mon argent !

Caricature de Stern (*le Auster*, de Munich, 22 novembre 1903).

A L'HÔPITAL GÉNÉRAL

— Léopold II rompt définitivement avec ses *cléonies* : ce monsieur souffre désa-gréablement que l'on parle à Bruxelles de difficiles *congogestions*.

(*Der Floh*, de Vienne, janvier 1904.)

*

* C'est-à-dire de ses diffi ltés congolaises au point de vue budgétair . Il s'agit, ici, d'une image dans laquelle o.i voit la plupart des souverains malades, à l hôpital.

Or voici l'*affaire Cléopold et C*ie qui cesse d'être une affaire, pour devenir *colonie belge*. Mais un écumeur de terres vierges comme notre *Pollecke* n'abandonne pas si facilement ce qu'il détient. A ce *Congostaat*, animal éléphantes-que que le paysan belge trouva bien, de tout temps, un peu trop grand pour son modeste pou-lailler, il avait de longue date arraché les dents, afin de pou-

LE CARNAVAL POLITIQUE DE 1904

— Le voyageur pour le Congo.

Caricature de F. Boscovits (*Nebelspalter*, de Zurich, 13 février 1904).

LE JOYEUX NÉGRIER

— Qu'est-ce qu'ils ont donc à nous raconter avec les atrocités du Congo !...
L'on voit bien que ces journalistes ont du temps à perdre !! Diable ! Je ne suis pas
le seul au monde !!

Caricature de Cinirin (*Fischietto*, de Turin, 4 décembre 1906).

voir les garder par devers lui comme souvenir. Avant donc de faire à
son peuple le cadeau depuis si longtemps annoncé, il prit soin d'accorder, par décret, des pouvoirs quasi-souverains à une Société dite
Société du lac Léopold II, dont il est lui le grand directeur, le grand
mamamouchick mystérieux. Et voilà comment s'y prend un financier
retors qui veut faire à ses sujets un de ces cadeaux qui font époque
dans la vie des peuples,

Souverain magnifique! clament les canards léopoldiens. *Souverain
plus libéral en paroles qu'en actes*, trouvent déjà la nation belge et
nombre de ses députés — si bien que voici, à nouveau, peuple et roi
prêts à se manger le nez.

LE DERNIER PORTRAIT DU ROI DES BELGES

(*Judge,* de New York, Janvier 1907.)

Il a sur la tête la couronne de Belgique que surmonte une tête de mort figurant le Congo. Les deux majuscules K. L. signifient Léopold *King* (Roi). Sur sa moustache se lisent les mots : *Spéculations.*

En réalité, le roi des Belges n'oublie jamais qu'il est le prince des financiers, et si le Souverain de la Belgique, en donnant solennellement à la nation, en toute propriété, une colonie acquise par lui, possédée par lui, administrée par lui, a voulu étonner le monde par la grandeur

L'ANGLETERRE ET LE CONGO

John Bull (au roi Léopold). — Écoute-moi avec attention, tu peux apprendre de
moi quelque chose d'utile; la colonisation réussit par la moralité seulement, par la
moralité tu entends bien !

Caricature de Johann Braakensiek (*Weekblad voor Nederland*,
d'Amsterdam, 9 décembre 1906).

de son geste, Léopold, le *caféier*, le *cacaotier*, l'*ivoirier*, le *caoutchoutier*, a arrangé les choses de façon à pouvoir fructueusement continuer
son petit commerce :

Les temps sont durs : il faut vivre !

V

Vivre ! est-ce que ce ne fut pas son unique et constante preoccu-
pation ! Vivre royalement, librement, au-dessus de toute loi, en dehors
de toutes les conventions, est-ce que ce ne fut pas la règle de sa vie !
« Je pense, donc je suis ! » affirmait Descartes. — « Je nopce, donc

UN COLPORTEUR A PARIS

Léopold II. — Rien à vendre ?

(*Figaro,* de Vienne, 2 mai 1907.)

* Caricature visant la visite du roi des Belges, en avril, visite qu'on avait dit être relative aux affaires du Congo.

je vis ! » dirait certainement volontiers l'ex-Cléopold, devenu subitement, à la suite de nouvelles aventures, un *Cobourg-Vaughan.*

Les aventures *vaughanesques* du vieux monarque ! — chaque jour elles font les délices de la presse à images, et l'on verra par les reproductions, ici publiées, que dans aucun pays les crayons ne l'ont épargné.

Images romanesques, pour des contes non moins romanesques, qui, souventes fois, ont revêtu l'allure de véritables histoires de brigands.

Images enregistrant, ici l'abdication et le remariage du souverain ; là sa ferme volonté de déshériter ses filles au profit de Mme Lacroix et

FUMISTERIES CONGOLAISES

Pollcke (Léopold, en flamand). — Voilà ma vaillante petite bête ! Mais j'ai d'abord commencé à lui arracher les dents, afin de les garder pour moi comme souvenir.

Caricature de Orion (*Uilenspiegel*, de Rotterdam, 12 octobre 1907).

les tentatives de toutes espèces faites par lui à ce sujet. De là presse quotidienne ces racontars passèrent dans la presse illustrée : il faut, donc, les enregistrer (1). De Belgique ils gagnèrent peu à peu les

____

(1) Ce sont deux articles de la presse étrangère, l'un de la *Frankfurter Zeitung*, l'autre de la *Neue Freie Presse* qui nous apprennent : l'un que le roi Léopold voudrait abdiquer, l'autre qu'il voulait déshériter ses filles :

D'abord l'article de la *Frankfurter Zeitung*, lequel apporté et l'écho des rumeurs populaires, et les renseignements des milieux bien informés; parmi les premiers se

KUYPER [alors premier ministre de Hollande] A BRUXELLES

Léopold [à Kuyper portant ses bagages]. — Oh ! comme il me ressemble ! Allons, faisons route ensemble.

— *Kuyper* [à Léopold]. — Parfaitement, Sire, ce que vous avez dit à vos ministres, à l'occasion du 1er janvier, mes collègues me l'ont dit également. — Moi aussi, je demande que l'on ait en moi une confiance aveugle.

Caricature de Johann Braakensiek, (*Weekblad voor Nederland*, d'Amsterdam, 11 janvier 1903).

autres contrées d'Europe, ainsi que nous le montrent les caricatures ici reproduites : il est donc intéressant de constater que les amours romanesques avec Caroline Vaughan firent la joie des caricaturistes

trouve celle-ci, à bon droit stupéfiante : le roi Léopold veut abdiquer, parce qu'il veut... se remarier ; parce qu'il s'est remarié déjà ! A Laeken, disent les uns ; à Séville, répliquent les autres. Mais tous savent que quatre hauts fonctionnaires, militaires ou civils, ont servi de témoins à cette cérémonie — toute religieuse : il n'y a pas eu de mariage civil. On sait aussi que l'enfant né de cette union est destiné par le roi à lui succéder sur son trône, après une régence qui reste à déterminer. Les noms des témoins privilégiés de cet acte d'Etat ? Mystère ! Mais, en revanche, on sait le nom de l'heureuse mère : Caroline Lacroix, dite baronne Vaughan.

Ce conte a tout le charme du romanesque, mais c'est un conte. La loi belge ne reconnaît que les mariages royaux auxquels le Parlement a donné son assentiment par un vote

DANS LA CHAMBRE DU TRÉSOR DU ROI LÉOPOLD

Le roi Léopold. — Cher ami, que pourrais-je vous offrir comme souvenir?
Ministre Kuyper. — Sire, permettez-moi de consulter mon collègue van Lynden,
car c'est lui, plutôt, qui est notre ministre des affaires étrangères.

Composition de J. Linse (*Nederlandsche Spectator*, de La Haye, janvier 1904.)

* Le mot « Tolver Bond » qui se lit sur une boîte signifie, *Union douanière*. Il s'agissait, en effet,
à ce moment, d'une union de cette espèce entre la Belgique et la Hollande.

allemands et autrichiens, comme Cléo, article d'exportation éminemment français, avait fait le bonheur de nos dessinateurs.

Cléopold père-nourricier, dorlotant son poupon; Cléopold béate-

formel. L'acte doit être contresigné par le bourgmestre. Le mariage morganatique —
qui d'ailleurs exclurait absolument les enfants du trône — n'existe même pas en Belgique.

Tout ce bruit a pourtant son fondement quelque part, et voici comment, chez ceux
qui se disent au courant des choses de la cour, on explique cette énigme. Les relations
du souverain avec la « baronne Vaughan » sont connues, et deux enfants sont nés de
cette union hors mariage. Lorsqu'il s'est agi de baptiser le second, on aurait rencontré
quelques scrupules chez l'ecclésiastique chargé de procéder au sacrement, ou plus simplement, on se serait senti gêné d'avoir à présenter comme illégitime un enfant du sang

— Ah! le voilà qui regarde! Ce n'est pas pour rien qu'il a un nez.

(*Kikeriki*, de Vienne, 25 avril 1907.)

* Vignette faisant allusion aux derniers événements politiques; vote de la Chambre et démission du ministère. Léopold soulève le toit du palais du Parlement sur lequel on lit le mot : *Constitution*. Le personnage à tête et à crête de coq personnifie le journal *Kikeriki*.

ment couché aux côtés de la belle Caroline, Cléopold rêvant de ses enfants; Cléopold marié à la fille d'un loueur de chambre, Cléopold montrant à ses ministres qui le réclament, son jeune rejeton sur les genoux d'une nourrice — autant de sujets qui seront interprétés par la satire de tous les pays; alors que le mot de la fin nous est donné

royal, d'où la pieuse mystification. On aurait fait accroire au prêtre qu'il y avait bel et bien mariage — mariage caché — entre Léopold II et l'ancienne demoiselle de buffet à Bordeaux. L'autre crut bien faire, dès lors, de défendre la réputation de son roi en racontant le secret dont on l'avait fait dépositaire.

Quant aux « cadeaux richissimes » que la baronne aurait reçus de son époux prétendu, ils se réduisent à une vie confortable dans l'une des trois résidences que Léopold II a mises à sa disposition : Mont-Ferrol, dans le sud de la France; château de Lormoy, près de Paris; enfin la villa Vanderborght. Ces demeures, Louise Lacroix en a la jouissance, elles ne lui appartiennent pas. Le roi y passe la plus grande partie de l'année.

Voici, d'autre part, l'article de la *Neue Freie Presse* enregistrant les tentatives faites par le spirituel et mordant *Ruy-Blas*, lequel écorche les gens avec tant de brio :

« —Enfin, tout de même, elle lui a donné un fils avec l'aide de Dieu.

~~~~~~~~~~~~~~~~~~~~~~~~~~~~~

par Léopold pour arriver à déshériter ses filles au profit de Mme Lacroix et des deux enfants qu'il a eus d'elle.

Il aurait fait dans ce but plusieurs tentatives, toutes déjouées d'ailleurs par le gouvernement français.

Une première fois, il demanda à M. Caillaux de bien vouloir inscrire ses domaines du sud de la France — le château de Villefranche, au cap Ferrat notamment — au nom du domaine de l'Etat du Congo. Le ministre refusa, l'Etat du Congo n'ayant pas en France la personnalité juridique.

Le roi fit alors don apparent de Villefranche à son médecin et homme de confiance, Dr Thiriat, avec promesse de la part de celui-ci d'en faire don à la baronne Vaughan sitôt après sa mort à lui, Léopold.

Mais il se rendit compte, continue le correspondant du journal viennois, que cette disposition serait attaquée le jour où s'ouvrirait sa succession. Aussi revint-il à la charge et proposa-t-il à Paris de lui laisser fonder une société par actions, qui exploiterait tous les domaines possédés par le roi en France, et dont une partie des revenus seraient donnés en usufruit à tous les sujets — français ou belges — ayant souffert quelque maladie au Congo et dans les colonies françaises. Le reste était à une personne que le roi se réservait de désigner plus tard.

— Pour consoler Sarto de ses peines, le roi des Belges lui offre son nouveau cabinet de concentration catholique.

Caricature de Gil Baer pour *la Semaine Cléricale*
(*La Lanterne*, 14 mai 1907).

* Il s'agit du cabinet constitué par M. de Trooz décédé en janvier 1908, mais qui a survécu à l'ancien président du Conseil.
~~~~~~~~~~~~~~~~~~~~~~~~~~~~~

— LA PRINCESSE LOUISE DE COBOURG voudrait bien pouvoir se jeter dans les bras de son père.

(*Kikeriki*, de Vienne, 9 décembre 1906.)

— Je croyais que c'était avec l'aide-de-camp. »

Si bien que la vieille chanson d'opérette : « Je vous présente un père, un père, heureux et satisfait, » aura été traduite sous toutes les formes par cette puissante arme de rire qu'est la caricature.

Cette fois encore, la mèche fut éventée et le souverain en fut pour ses frais d'ingéniosité.

En terminant, l'auteur de l'article fait remarquer combien cette forme de la société par actions est chère à Léopold II, qui en a fait, dans son pays, la base de sa politique d'affaires. Ses domaines divers, qui valent au bas mot deux à trois cents millions, se voilent derrière l'écran modeste d'une société au capital de un à trois millions au maximum. L'attitude du fisc français risque fort, dit-on, de créer quelque embarras au roi des Belges, en montrant à la Belgique de quelle façon elle pourrait et devrait se défendre.

LA LUTTE DES LANGUES EN BELGIQUE

Flandria. — O Roi, faites-nous justice, enfin ! Donnez-nous une Université, si vous ne voulez pas que mon lion finisse par montrer les dents.

Le roi Léopold. — *Votre* lion, qui pendant soixante-dix ans déjà, s'est laissé marcher sur la queue.

Caricature de Johann Braaken-siek (*Weekblad voor Nederland,* d'Amsterdam, 11 septembre 1904).

ENTENTE HOLLANDO-BELGE

« Nous sommes des frères alliés. »

— *Aowel zulle* (expression en patois flamand, intraduisible en français), Brammeke ! (c'est-à-dire Kuiper) j'ai trouvé en toi un bon ami !

Caricature de Soranus (*Uilenspiegel,* de Rotterdam, 16 janvier 1904).

LE SANCTA-CLAUS (LE SAINT-NICOLAS) DES BELGES

Cléopold. — C'est encore là que je préfère revenir.

Caricature de J. F. Boscovits (*Nebelspalter*, de Zurich, 30 novembre 1907).

* Sur l'écriteau on lit : « *Vers Paris.* Léopold ne retourne pas en arrière, — autrement dit ne reviens pas sur tes pas — et tout se dissipera. »

« Alma Pater » pour conclure avec le même *Ruy-Blas* qui décidément enlève les morceaux.

Du Roi politicien de 1871 au « roi de l'Épiphanie de 1908 », quel chemin parcouru, et il semble que cette galerie d'images satiriques se devra clore sur ce *Charlemagne du bain froid et du Yacht-Club* ayant pour tous titres cette simple indication : « Lui et ses Joujoux. »

Lui ! le roi barbu, l'ex-roi cléopoldien ; qui sut si bien mettre en pratique ce précepte illustré des *Lustige Blätter,* de Berlin : « Devenir père n'est point difficile. Mais être père, c'est une autre affaire. » Lui ! *Cléopold-Bobèche, le Belge,* roi retiré des affaires — tel un bourgeois de Molinchart, — après fortune faite, et réputation surfaite, ajouterait volontiers Willy — goûtant loin de son trône, au château de Lormoy, les douces joies de la famille et de l'amour !

« Eh bien, tu sais, Léopold, Caroline elle te gâte » dit la légende d'une bien amusante farce graphique — et la caricature, elle aussi, aura été généreuse pour toi, mon vieux ! — pourrait-on ajouter — car il l'aura

Tête à tête aussi royal qu'éloquent.

L'Indiscret.

connue sous toutes ses formes, gaie, mordante, cynique, voire même dramatique.

Si, en Allemagne principalement, la presse illustrée socialiste a enregistré avec joie les échos de sa politique, les caricaturistes viennois auront été, souvent, cruels pour lui, le représentant sans cesse aux côtés des rois les plus tarés et les plus menacés, prêt à faire le saut comme eux, formant avec Pierre de Serbie et Carlos de Portugal le groupe, non des trois rois mages, mais bien des *trois rois impies,* forcés de s'en aller, à moins que le peuple, dit une légende datée de janvier 1908, « ne se charge lui-même de leur faire descendre la garde. » Prophétie macabre qui s'est réalisée pour le roi Carlos. Demandez la *vérité sur le Congo !* Demandez *le dernier portrait du roi des Belges,* un roi qui ne part pas pour la Crète, mais qui quitte avec un plaisir toujours nouveau, Bruxelles et son château de Laecken, véritable *Juif-Errant de la Monarchie, Grand saint Nicolas des Belges.*

Qui sait ! peut-être le verra-t-on finir quelque jour glorieusement, en pleine activité, sur le champ de bataille de l'amour comme feu son cousin, *Félisque I, Empereur non élu des Français.*

Seulement, voilà, du château de Lormoy au château de Laecken, il y a une trotte !

Il est vrai que la locomotive — je veux dire l'automobile de Sa Majesté, — est toujours sous pression.

Carte postale faisant partie de la collection des actualités politiques : *La Flèche* (Paris, E. Louvet, éditeur).

II

Léopold et les Femmes

(Cléo et la baronne de Vaughan)

Léopold et sa famille

Caricatures françaises,
allemandes, autrichiennes, suisses,
hollandaises, italiennes.

[illegible]

[illegible]

UN SOSIE

— Mais non, mademoiselle, ce n'est pas Lui !   Dessin de Sem.

— « AU RAT MAURE ». — Sais-tu, Léopold, que voilà un chouette camp de concentration !...

Aux côtés de Léopold, le roi Édouard et Chamberlain.

Caricature d'Adolphe Willette (*Le Rire*).

Ah! viens dans une autre patrie,
Viens cacher *mon* bonheur!

(*La Favorite.*)

L'ENLÈVEMENT DE MÉRODE

Caricature de C. Léandre (*Le Rire*, 26 octobre 1895).

* On pourrait faire un volume piquant : *De l'influence des de Mérode dans l'histoire, dans la littérature et dans l'amour, en Belgique;* mais que diraient les vrais de Mérode!

CLÉOPOLD II ROI DES BELGES

Caricature de Roubille faisant partie de la collection : *Le Musée de Sires, Gueulerie contemporaine* publiée par Antonin Reschal (1898).

SUR LA CÔTE D'AZUR OU L'INTIMITÉ ROYALE

Félix Faure. — Vous permettez, Sire ? (après contemplation et avec un soupir)... On a beau dire, ça aurait une autre allure pour l'Exposition ! (*Le Figaro*, 18 avril 1898).

GILETS ILLUSTRES ET ILLUSTRÉS

— Le roi franco-belge se sangle de *Coppélia.*

AUX BAINS FROIDS

— Rien ne révèle la royale qualité de Monsieur Léopold, si ce n'est la barbe et le cigare de contrebande.

Caricatures de Caran d'Ache (*Le Figaro* et *Le Journal*, 1902).

L'AFFLICTION DU PÈRE DE LA FIANCÉE

(Pour les fiançailles de sa fille, la princesse Stéphanie, avec le comte Lonyay.)

— « Concevez-vous cela, chère Cléo, que l'on puisse aimer au-dessous de son rang ? »

Caricature de Feininger (*Lustige Blätter*, de Berlin, novembre 1899).

ON FERME !

ÉMILE BALLADE GEORGES Ier ET LÉOPOLD

Caricature de C. Léandre (*Le Rire*, 20 octobre 1900).

* Cette même caricature reproduite dans *Le Rire belge* était accompagnée des vers suivants, en style mirlitonesque :

LA DERNIÈRE VISITE

(Sur l'air du bon roi Dagobert)

Le bon citoyen-chef,
Voulant s'donner un peu d'relief
Promenait à l'œil
Deux Rois en fauteuil,
Leur-zy faisant voir
Les clous de sa Grand'Foir'!
« C'est bon, disait chaq'Roi,
« Citoyen, d'être roulé par toi ! »

×

Le bon Roi Léopold
A Loubet lance d'un p'tit air drôl' :
« D' ton Exposition
C'est l'extinction

Avant qu'on n' l'enterr'
Veux-tu mon notair ? »
« Notair ! s'exclam' l'autr' Roi,
« Tous ceux de Belgiq' sont chez moi ! »

×

Le bon Monsieur Loubet
Fit : « Georg's modèr' ton galoubet ! »
Puis le Roi d' Belgiq',
D'un ton énergiq'
S'écrie : « Roi d' Carreau,
Ne fais pas l' faraud,
Mes notair's sont chez toi,
Par contre, tous tes Grecs sont chez moi ! »

SAINTE-GUDULE.

L'ALBUM DES GRANDES DAMES

— *Du bon Roi Léopold* : « L'art de bien chauffer est, à un certain âge, le plus difficile que je connaisse. »
— *De Mlle Cléo de Mérode* : « La Belgique est un pays neutre? Il n'y a que Falguière pour avoir cru ça. »

Caricature de Weal (*La Chronique amusante*).

LES ÉTRANGERS A L'EXPOSITION OU LES DERNIERS LES BONS

Caricature de Caran d'Ache (*Le Figaro*, 22 octobre 1900).

* Léopold et le roi Georges, de Grèce.

L'ARMORIAL DE LA CARICATURE

Les armes royales de Belgique.

— Léopold, membre actif de l'A. C. F. et roi des Belges, à ses moments perdus. Costume complet de chauffeur, très commode pour voyager incognito.

Caricature de Paul Calvin (*La Caricature*, 13 juillet 1901).

TIRONS LES ROIS, par Paul Calvin.
L'AUTRE BONNE GALETTE
(La Caricature, 11 janvier 1902.)

CROQUIS-INTERVIEWS

— C'était jeudi, à 8 heures 37. Il descendit de wagon. Les gros bonnets de la gare saluèrent, et je l'abordai : « Je ne viens pas pour d'insipides bavardages. Ce sera pour une autre fois, me dit-il ! » Je dus me résoudre à le suivre...

... Devant la gare, il acheta deux jeux de cartes imprimés à Bruxelles...

... Mais M. Centrale, le patron de la grande pharmacie de la rue Lafayette, ne voulut jamais me dire ce que le client qui venait de sortir lui avait acheté...

... Rue de la Victoire, une marchande à la toilette lui laissa, à bas prix, quelques bijoux qui lui venaient d'Édouard VII...

... Il acheta une énorme gerbe de fleurs, place de l'Opéra...

... Furtivement, il pénétra dans une chemiserie, où il acheta une cravate, et peut-être des chaussettes... de soie...

... Puis, avant de monter, il fit l'emplette d'un déjeuner froid et, sans dire un mot à la concierge il essuya ses pieds et gravit lestement les étages. Elle vint lui ouvrir elle-même et je le perdis de vue.

(*L'Indiscret*, 1902.)

ALMA PATER !

(*Le Ruy-Blas*, 16 novembre 1907.)

BOULEVARD ANSPACH

— Enfin, tout de même, elle lui a donné un fils avec l'aide de Dieu.
— Je croyais que c'était avec l'aide-de-camp !

(*Le Ruy-Blas*, 28 décembre 1907.)

APRÈS L'ÉPIPHANIE

(*Le Ruy-Blas,* 11 janvier 1908.)

* Nombre de caricatures ont été publiées dans le même esprit, soit en France, soit à l'étranger : nous choisissons celle-ci, entre toutes, pour montrer jusqu'où a été la *publicité* de la liaison Léopold-Vaughan.

LUI ET SES JOUJOUX

Caricature de V. d'Acker (*Pall-Mall Illustration*, de Cannes, juin 1907).

M. Loubet donne le signe du départ.   S. M. Léopold contrôle.   S. M. Guillaume couronne le vainqueur.

Caricature de C. Léandre pour la course *Paris-Berlin* (*Le Rire automobile*, 13 juillet 1901).

L'ART DE LA CONVERSATION INTIME — 10 000 MARKS PAR HEURE

* Caricature faisant allusion au prospectus-réclame distribué par un *Casino-Variétés*, de Munich,
à propos d'une représentation donnée par Mlle Cléo de Mérode, et dans lequel on lisait : « les prin-

cipaux hommes d'État du monde ont recherché les faveurs d'une « Mérode ». Le roi des Belges l'admire avec une sorte de tendresse. Lorsque Cléo de Mérode, tout récemment, répondait à l'invitation du Shah de Perse pour une conversation intime, dans le *Salon bleu* du « Central-Hôtel » à Berlin, elle recevait 10 000 marks pour cette heure de conversation. »

Entrez ! entrez ! La belle Cléo est à voir ici, au Tingel-Tangel (café-concert), celle à qui le roi des Belges donna son grand cœur et des brillants, en nombre non moins grand. Pour un thaler — quelle orgie ! — vous pourrez voir tout ce que les Princes ont bien voulu vous laisser d'elle.

Composition de Ad. Münzer (*Jugend*, de Munich, octobre 1902).

AMOUREUX CÉLÈBRES

Léopold. — Je remarque que, depuis quelque temps, tu sembles atteinte de la maladie des grandeurs

Cléo. — Eh quoi, quand un roi m'honore de sa grâce !

Léopold. — Oh ! ce n'est pas cela, mais tu t'imagines que tu sais danser !

Caricature de Stern (*Lustige Blätter*, de Berlin, 1906).

LE PLUS HEUREUX DES ROIS

« — O Cléo, grande est ma joie! Me voici débarrassé de ma vieille! Je te tends,
bien-aimée, la main. Vive le veuvage! »

Caricature de Rata Langa (*Der Wahre Jacob*, de Stuttgart, 4 novembre 1902).

LÉOPOLD INTIME

— Comme régent de l'État du Congo, il s'est vu forcé, pour répondre aux vœux empressés de ses sujets africains, d'ouvrir — suivant les idées morganatiques européennes — un harem. C'est chose remarquable de voir avec quelle vigueur ce monarque sénile essaye d'être à la hauteur de ses nouvelles obligations.... coloniales.

(*Lustige Blätter*, de Berlin.)

A CHAQUE POUCE, UN ROI! (*Jugend*, de Munich, 1902.)

LES ADIEUX DE CLÉOPOLD

— « Porte-toi bien, chère Cléo ! De tes bras je vais me précipiter dans ceux
de mon ami le plus intime, le grand Maître ! Quand on veut rester fidèle aux
principes de la Légitimité, il faut malheureusement bien être vertueux.

Caricature d'Otto Frey (*Lucifer*, de Vienne, 1903).

ORGUEILS HUMAINS SUR LES TRÔNES PRINCIERS

Léopold. — Bravo, frère Georges, ton édit est excellent, quoique pas encore suffisamment rigoureux. Comment en ai-je agi avec ma fille, quand elle a épousé un comte ! Elles ne doivent pas descendre trop bas : ce qui nous est permis ne peut qu'être défendu à nos femmes. Où en viendrions-nous sans cela !

Caricature de F. Gareis *Luci er*, de Vienne. 28 mars 1903).

LES ALTESSES VUES DERRIÈRE LES COULISSES

Léopold. — « L'héritage s'en est allé en flûte ; tout va de travers ; vous seules m'êtes restées ! »

Cléo. — « Notre fidélité est aussi pure que l'or.... tant qu'il roule ! »

Caricature de M. de Bayros (*Die Auster*, de Munich, 27 décembre 1903).

MODERNES CONDUCTEURS DE PEUPLES

— Le roi Cléopold de Belgique passera son prochain Noël dans une intimité pleine de charme et d'affabilité avec les filles du corps de ballet du grand Opéra, de Paris.

(*Ulk*, de Berlin, 22 janvier 1904.)

* Cette vignette est empruntée à une grande composition consacrée à tous les souverains d'Europe. On saisit le sens de l'allusion à l'égard de Léopold, *les filles du corps de ballet*, tenant lieu, ici, de *ses filles*.

LE TRAYAGE DU VIEUX BOUC

— Le procès en réclamation de succession, qui se joue à Bruxelles contre le roi des Belges, est considéré par les professionnels comme un phénomène de la nature dans l'ordre moralo-politico-juridique.

Caricaturé du Stutz (Kladderadatsch, de Berlin, 13 mars 1904).

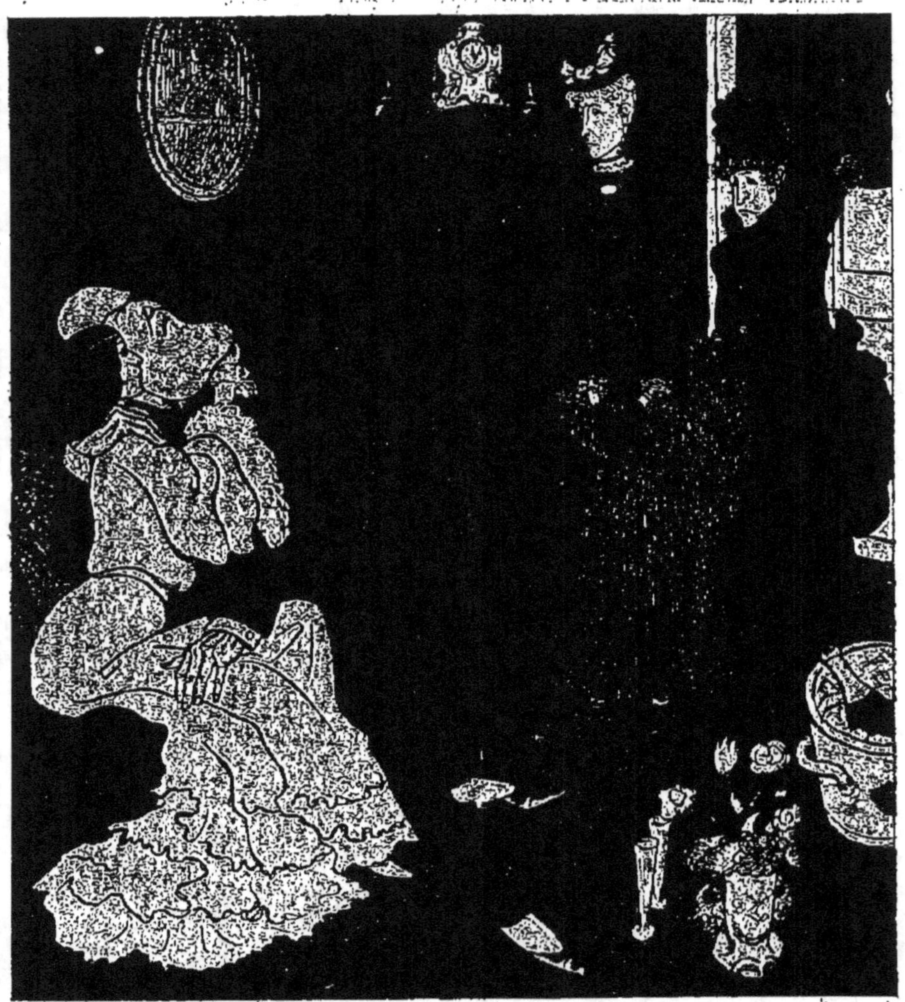

LES FILLES DE LÉOPOLD

— « De grâce, papa, donne-nous au moins les vieilles robes de ta Cléo. »

Caricature de Th. Heine (*Simplicissimus*, de Munich, mars 1904).

* Comme toujours il s'agit des deux filles aînées, les princesses Louise et Stéphanie.

IMAGE POUR LE 1er AVRIL

— Cléopold joue la succession, aux dés, avec ses filles (il s'agit également, ici, des princesse Louise et Stéphanie).

(*Ulk*, de Berlin, 1er avril 1904.)

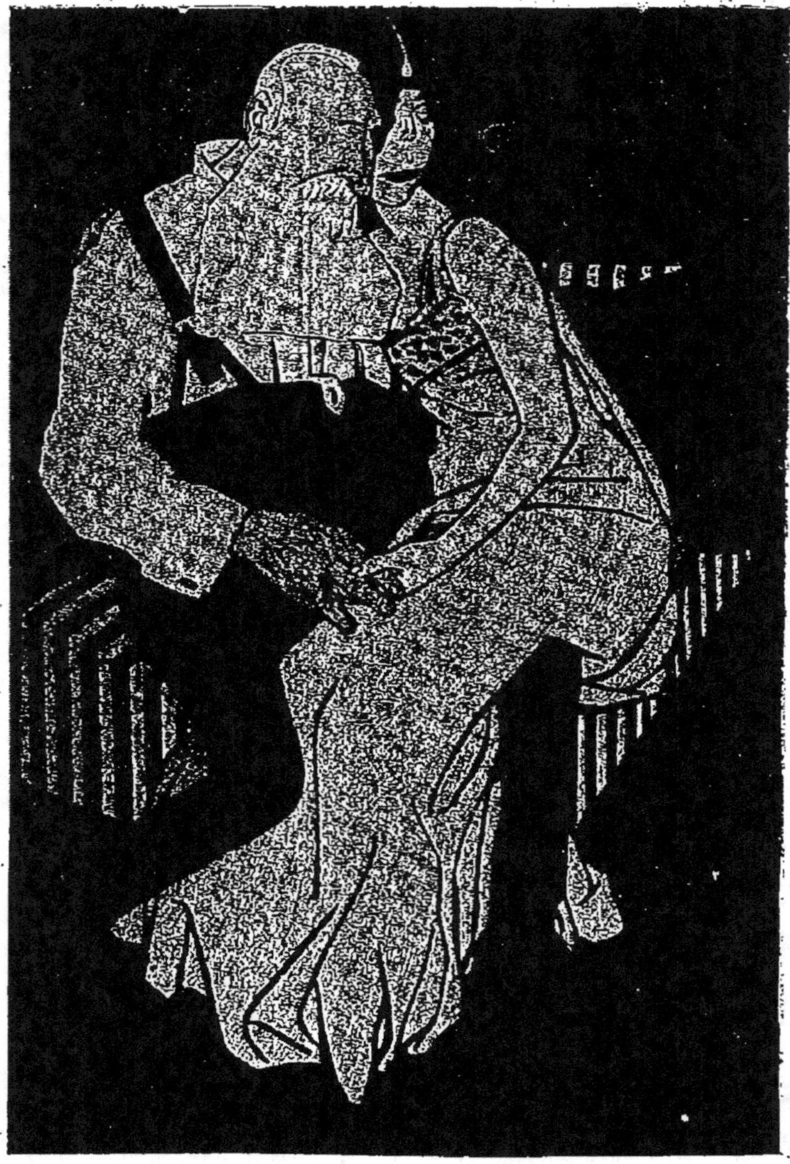

LÉOPOLD

— « Vois un peu, Cléo, ce qu'il en est des plus célèbres : tu l'es devenue
par tes bandeaux et, moi, je le suis devenu par toi. »

Caricature de Bruno Paul (*Simplicissimus*, de Munich, 1904).

LE PROCÈS GAGNÉ

Cléo. — Quand je pense que « ma petite fille Stéphanie » aurait agrippé cela !

(*Ulk*, de Berlin, 6 mai 1904.)

DÉSAGRÉABLE AVENTURE A PARIS

— « Le cabinet est, ce me semble, déjà occupé. — Majesté, c'est simplement
la princesse de Cobourg avec sa suite. Je croyais qu'elle était de la famille royale ! »
Caricature de Bruno Paul (*Simplicissimus*, de Munich, 4 octobre 1904).

— « Sous l'éclat doré des cours, combien de pourriture ! »
(Lettre de la princesse Louise au *Vooruit*.)
(*Der Wahre Jacob*, de Stuttgart, 18 octobre 1904.)

* Le *Vooruit* est l'organe attitré des socialistes hollandais.

CLÉOPOLD EN COSTUME JAPONAIS

Elle. — Ah! c'est vraiment merveilleux! Tout en pur Japon! Et quel rôle dois-je jouer dans la pièce?
Lui. — Tu pourrais être mon Port-Arthur — après la reddition.

Caricature de Feininger (*Ulk*, de Berlin, 9 décembre 1904).

UN TROP BON PÈRE

Léopold. — On n'a réellement sa tranquillité que lorsque les enfants sont tous établis, ou bien — quand on les a, tous, tout bonnement maudits.
Caricature de Finetti (*Lustige Blätter*, de Berlin, Mars 1905).

SCÈNE DE BOUDOIR A BRUXELLES

« — Mon Léopold, pourquoi veux-tu faire entourer ton Anvers d'une ceinture de for-
teresses? Serait-ce par crainte de tes filles ? »

Caricature de A. Weisgerber (*Jugend*, de Munich, 27 juillet 1905).

* La femme ici figurée est la baronne Vaughan, autrement dit Caroline Lacroix, une horizontale
de marque dont Léopold fit la connaissance à Paris vers 1903, et avec laquelle il se laissa voir à
Luchon, à la côte d'Azur, à Cologne, Wiesbaden et autres lieux. Descendue d'abord à l'*Hôtel de
Flandre*, nous apprend l'auteur de l'*Histoire d'une Favorite*, elle franchit bientôt le seuil des
châteaux de Laeken et d'Ostende.

LA FÊTE DE L'INDÉPENDANCE EN BELGIQUE

— La spiritualité religieuse m'a aujourd'hui entièrement conquis; comme elle rira,
ma petite Cléo, si jamais je lui raconte cela.

(*Ulk*, de Berlin, 28 juillet 1905.)

* Arrivé au déclin de ses jours, le roi Léopold qui, jusqu'alors, s'était fait remarquer par son
profond scepticisme semble éprouver le besoin de croire et de se livrer à des actes d'une religiosité
plus ou moins sincère. Devant le vide, devant le néant, il prend peur et se jette dans les bras du
clergé.

« Quoi de plus édifiant, » lit-on dans un article du journal *Les Corbeaux*, « que de voir notre
vieux monarque, sceptique et incrédule, le roi des financiers et des spéculateurs, fils d'un protes-
tant et arrière-petit-fils d'un conventionnel, athée et régicide, venir faire étalage de la piété dont
il paraissait si peu s'être préoccupé jusqu'ici que, pendant les dix dernières années, il s'échappait
régulièrement de son pays, chaque année, à l'approche du temps pascal, pour ne pas avoir à
scandaliser ses sujets catholiques en leur permettant de constater qu'il n'approchait plus de la
sainte table. »

LÉOPOLD LE NOUVEAU MARIÉ

« — Et maintenant que nous sommes ainsi heureux, l'un près de l'autre, dois-je, petite femme, te faire la confession de ma vie d'autrefois?
« — Non, mon Léopold, cela n'est point nécessaire! J'ai lu, de tout temps, les feuilles humoristiques et satiriques. »

Caricature de M. Köppen (*Jugend*, de Munich, 3 janvier 1906).

* Autre image relative aux amours de Léopold et de la baronne de Vaughan.

DANS SON CHER INTÉRIEUR

Les épouses morganatiques. — Combien doux est le sommeil de Léopold! Sûrement, il rêve de nos enfants ! (*Ulk*, de Berlin, 12 janvier 1906.)

LE PÈRE DU PAYS EN BELGIQUE

— Devenir père n'est point difficile. Mais, être père, c'est une autre affaire!

Caricature de F. Jüttner (*Lustige Blätter*, de Berlin, Décembre 1907).

LE GÉNÉREUX LÉOPOLD

— Prends, ô ma chère Cléo, la part que j'ai enlevée à ma fille. Il faut bien que je puisse montrer au grand jour ma générosité.

(*Wiener Caricaturen*, de Vienne, juillet 1904.)

* Les journaux viennois furent, à ce moment, remplis de caricatures sur les difficultés et le procès de Léopold avec ses filles, ce qui fut autant de réclame pour Cléo.

LA GRANDE FROUSSE

Le roi Cléopold. — « Ne laissez plus entrer la Cléo! »

(*Kikeriki*, de Vienne, 27 octobre 1904.)

' Sur le journal que le roi vient de laisser tomber avec effroi on lit : « La belle Polin Aranka,
« la belle Parisienne, Klein », meurtrière du vieux Sykora. »

SPORT SCIENTIFIQUE Caricature de E. Juch (*Figaro*, de Vienne, 10 juin 1905).

En haut les deux médecins auscultant la princesse Louise de Cobourg, alors que, dans un baquet, sont les médecins aliénistes, qui se sont si étrangement trompés et auraient besoin, eux aussi, d'être douchés. De toutes parts, juifs présentant des traites ou venant proposer des affaires d'argent. Dans le coin de droite, en bas, Léopold qui donne sa bénédiction aux enfants de sa maison, mais ne paye pas leurs dettes.

QUAND NOUS VIEILLISSONS!

— Maintenant tout m'indiffère; je puis donc accepter ce présent.

Caricature de Otto Frey (*Die Bombe*, de Vienne, Décembre 1905).

* Il s'agit ici de l'enfant de la baronne de Vaughan, le nœud du royal drame passionnel dont l'apparition est ainsi expliquée par l'auteur de l'*Histoire d'une Favorite :* « La baronne de Vaughan », écrit-il « veut un gage, un lien qui lui attache à jamais celui que son charme captive et l'enfant naît, l'enfant du miracle qui fait songer, peut-être, d'une façon un peu sacrilège et profane, à celui de la crèche de Bethléem ». Et, pour authentifier sa documentation le journaliste belge donne copie de l'extrait de naissance de Monseigneur Bébé, né à St-Jean-sur-Mer (Alpes-Maritimes) de Caroline Lacroix et de père inconnu.

OFFENBACH-REVUE

—Offenbach jetant un coup d'œil sur la terre et retrouvant tous ses personnages d'autrefois, seulement sous des noms nouveaux ; entre autres la grande duchesse de Cobourg-Gérolstein *et ce farouche galant, Cléopold-Bobèche le Belge* (en français dans l'original) avec son double visage ; — si dur pour ses filles et si riant pour sa Cléo.

(Wiener Caricaturen, de Vienne.)

CLÉOPOLD LE PÈRE

« Voyez, je suis l'homme qui peut tout encore ; souvent déjà, j'en ai fait l'expérience,
mon esprit est réellement un Titan dans le vieil empire des géants. — J'ai vécu,
aimé et je fus chéri, sans doute grâce à mes biens terrestres : la femme, que je foulais
aux pieds, est toujours tombée aux miens. — Je montrais, comme père de petites
filles, les plus nobles sentiments. J'en fis des femmes sérieuses, et j'ai trouvé
moyen de les mettre à la porte. — Je leur retenais durement leur part d'héritage : privées de la succession que les autres filles reçoivent de leur maman, elles
ne purent ainsi jamais gaspiller leur bien. — Cependant, que je sois père ou que je
me mette en peine pour le rejeton d'une de mes fidèles, cela me remplit d'orgueil ;
on me fait encore marcher pour les plus beaux enfantillages. Être un roi, oint
de l'huile sainte, cela n'a jamais flatté mon amour-propre ; tandis que, être vérita-
blement père, cela vient bien par la grâce de Dieu. »

Caricature de Th. Zasche (*Wiener Caricaturen*, 1906).

LÉOPOLD LE PATRON DE LA LÉGITIMITÉ

« Léopold de Belgique s'est marié avec la fille
d'un loueur de chambres » (*Les journaux*).

Léopold (en concierge, s'adressant à ses filles). — Pas un pas de plus ! L'entrée, durant les
fêtes du mariage, n'est permise qu'aux personnes de même condition.

(*Wiener Caricaturen*, de Vienne, 1906.

* L'image ci-contre demande quelques explications.

Si Léopold y est figuré en concierge, c'est que la pseudo-baronne de Vaughan serait née, au dire des pamphlétaires, « chez des concierges de Bucharest, qui, peu après sa naissance, vinrent se fixer à Paris. Un cordon enlacé autour d'un plumeau, telles sont les armes qui siéraient à ses origines. »

Donc la caricature a trouvé tout naturel de costumer en concierge celui dont les royales amours ne craignirent point d'élever jusqu'à lui la fille de M. Pipelet.

D'autre part, certains journaux étrangers, à Vienne et à Londres, notamment, avaient annoncé l'existence d'une union morganatique entre le roi des Belges et la baronne de Vaughan, — quelques-uns même parlaient d'un mariage célébré secrètement. Sur ce point, l'auteur de l'*Histoire d'une Favorite* s'exprime comme suit : « Qui dit que l'intrigante qui est déjà parvenue à bercer la majesté jobarde qu'elle ensorcelle, de l'ineffable illusion d'une paternité par personne interposée, ne tentera pas de bouter jusqu'au bout la conquête du vieillard et ne lui demandera pas de légitimer devant l'écharpe, et de sanctifier devant l'autel, de si mystérieuses amours et leur fruit putatif ? »

LE CANOTAGE — Sur les vagues de la mer et de l'Amour.

Caricatures de F. Boscovits et de W. Lehmann (*Nebelspalter*, de Zurich,
23 septembre 1905 et 17 septembre 1904).

LES PRINCES DU JOUR

Cléopold (sur les bords de la Méditerranée). — « Un télégramme de mon gouvernement? Portez cela dans ma chambre. Je n'ai pas le temps de m'occuper des affaires
de l'État, en ce moment. »

(De *Notenkraker*, d'Amsterdam, 20 avril 1907.)

* De *Notenkraker* est le supplément illustré du journal socialiste *Het Volk*.

Le Joyeux Souverain

(*De Notenkraker*, d'Amsterdam, 30 novembre 1907.)

* Chacune de ces petites vignettes est accompagnée de légendes en vers dont voici la traduction aussi littérale que possible, traduction que je dois comme toujours à l'amabilité de mon confrère hollandais M. Charles Snabilié.

LE JOYEUX SOUVERAIN

1. Le roi du pays des Belges
   Est certainement un prince modèle, car
   Du soir au matin, le bon homme court
   Après ses « sujets ».

2. Mais à la maison, il avait des chagrins,
   Sa méchante femme ne le comprenait pas,
   Et par ce qu'elle ne le comprenait pas
   Ils vivaient ensemble comme chien et chat.

3. Heureusement une autre femme,
   Voulut bien avoir pitié de lui,
   Et par ses charmes elle sut consoler tout à fait
   Le pauvre malheureux.

4. Le seigneur le sauva de ses peines,
   La méchante reine mourut.
   « Ah ! » dit alors le roi ému,
   « Que son âme s'en aille en paix ! »

5. Le roi est toujours généreux et large,
   C'est ce qu'éprouvait souvent
   La baronne de Vaughan,
   « Une pauvre mère sans mari ».

6. Le roi possède, comme on sait,
   Une contrée qui s'appelle le Congo,
   Où le peuple noir vit en paix,
   Heureux d'avoir un tel souverain.

7. Voilà que ce brave vieux monsieur
   Une fois prit des vacances.
   Mais tout de suite il fut tourmenté,
   Car ses ministres coururent après lui.

8. Depuis ce moment règne dans le pays des Belges
   Un malentendu blessant pour le souverain,
   Et peut-être bien, si Dieu n'y met ordre,
   Finira-t-il par être chassé de son trône.

9. Le bon roi, très ému, s'écrie
   « Mon peuple, quel mal vous ai-je fait ?
   Je vous ai toujours servi fidèlement,
   Ai-je mérité pareille ingratitude ? »

PENDANT LE MOUVEMENT DES SUFFRAGETTES A LONDRES

Léopold. — Je suis tout de même favorable..... à ce côté-là, quoique ma Cléo me suffise.

Caricature de Golia (*Pasquino,* de Turin, 17 février 1907).

— Léopold vendant aux enchères les joyaux de la couronne.
Caricature de E. Vette (*Pasquino*, de Turin, 27 octobre 1907).

LES VACANCES DU ROI LEOPOLD TROUBLÉES

Le Président (du Conseil des Ministres). — Sire, revenez dans votre capitale. Tant d'affaires attendent après une solution.
Le Roi. — Pensez-vous que je n'aie rien fait. Regardez moi celà ! — et le Roi montre son fils sur les genoux d'une nourrice.

Composition de Johann Braakensiek (*Weekblad voor Nederland*. d'Amsterdam, 1907).

III

Léopold et le Congo

Léopold

et les

questions de politique belge

———

Caricatures françaises
allemandes, autrichiennes, italiennes
hollandaises, anglaises.

ACTUALITÉ AFRICAINE

Stanley. — Je vous rapporte, Sire, une mèche de cheveux du roi Makoko.

Léopold II. — Allaï! allaï! tu tiens le fou avec, savez-vous? Que m'importe une mèche, quand de Brazza a tout le corps!

Caricature de J. Blass (*Le Triboulet*, 29 octobre, 1882).

16

AU CONGO

La Belgique (sous les traits de Léopold en nourrice). — Mon Dieu! quel épouvantable enfant je me suis donné là. Rien que des soucis, et tous les ennuis qu'il m'attire me mettent avec les voisins dans les embarras les plus terribles.

Caricature de H. van Muyden (*Nebelspalter*, de Zurich, 20 août 1892).

— Comment le roi Léopold de Belgique se démène, se fatigue ridiculement, sue sang et eau avec son État du Congo — et comment il pourrait lui être facilement porté secours s'il se plaignait ou, du moins, s'il demandait aide et protection.

(*Jugend*, de Munich, 19 décembre 1896.)

* Debout sur le Congo, d'un poids si lourd pour Léopold, son découvreur, Stanley. C'est à la fin de 1877, on le sait, que le grand explorateur révéla au monde l'existence du fleuve appelé *Congo*. Les États européens qui voudraient le décharger et qui, pour l'instant, le soulagent, sont l'Angleterre, la Prusse et l'Autriche.

LA COURONNE DE BELGIQUE

— « A nettoyer chimiquement. »

Caricature de Th. Heine (*Simplicissimus*, de Munich, 15 mars 1904).

* Le domestique de Sa Majesté, chargé d'apporter la couronne de son maître chez le laveur chimique, est, lui-même, obligé de la prendre avec des pincettes, et elle sent si mauvais qu'il se bouche le nez. Cette idée sera plus d'une fois interprétée par la caricature, sous les formes les plus diverses, — la raison de cette accusation devant être toujours cherchée dans les cruautés commises au Congo, cruautés grâce auxquelles la monarchie belge et son souverain se trouveraient éclaboussés de sang.

LA MAIN QUI PRÊTE SERMENT
(au sujet des atrocités commises au Congo et de l'enquête ouverte)

— Le capitaine Lothaire levait la main pour prêter serment et pour confirmer, par ses déclarations, que ses collègues ne s'étaient rendus coupables d'aucune atrocité.
A ce moment apparut, visible de lui seul, une autre main levée pour le serment, qui témoignait
contre lui. C'était une des nombreuses mains que les représentants de la civilisation belge avaient
coupées aux pauvres nègres du Congo.
Composition de W. A. Wellner (*Lustige Blätter*, de Berlin, 1904).

COMMENT COLONISE LE BELGE

Caricature de Th. Heine (*Simplicissimus*, de Munich, 1905).

* Cette image fait partie d'une série sur les puissances coloniales, montrant de quelle façon colonisent l'Allemand (en dressant les girafes et muselant les crocodiles), l'Anglais (en faisant rendre
gorge aux noirs), le Français (en faisant la cour aux négresses). Le Belge, lui, est censé faire
rôtir les noirs et en manger les morceaux assaisonnés de diverses façons. La vérité c'est que les
sauvages de l'État du Congo ont souvent tué et mangé les employés blancs et noirs des compagnies ; la vérité est que les gardes régionaux terrorisent les indigènes « par la vue de leurs fusils »
et les obligent par la violence à aller chercher du caoutchouc. S'ils refusent on les attache,
on leur distribue gracieusement des coups de chicotte, et si cela ne suffit pas, on commence par
leur couper les mains, avant d'en arriver à l'argument suprême qui consiste à... couper la tête.

VENTE DE PAYS À BRUXELLES

— Il est des moments où même un monarque, habituellement ami de la paix, volontiers voudrait pouvoir se défaire de sa marchandise.

(*Der Floh*, de Vienne 1905.)

* Léopold est ici censé mettre en vente publique le Congo. Les acheteurs qui se présentent sont la France, l'Amérique, l'Angleterre, l'Allemagne; c'est-à-dire les principaux États signataires de l'acte de Berlin.

On n'ignore pas que si la Belgique, renonçait à garder le Congo, la France aurait le droit de préemption en acceptant, naturellement, l'obligation de payer. Cette mise en vente est donc, en réalité, une image purement fictive basée cependant sur certains sentiments de lassitude, déjà prêtés, à ce moment, au roi des Belges, qui, harcelé, acculé, eût peut-être trouvé encore plus avantageux pour lui de vendre son domaine privé, plutôt que d'en proposer la reprise à la Belgique.

(Voir le *Congo Léopoldien*, par Pierre Mille.)

— Par Dieu ! les soldats italiens ont mieux que cela à faire !.

Caricature de Gaido (*Pasquino*, de Turin, 1905).

* Caricature visant un décret du gouvernement italien qui avait autorisé un assez grand nombre d'officiers à se faire mettre en congé et à prendre du service au Congo léopoldien.

MALADES ILLUSTRES

— Aux deux grands malades qui suivent régulièrement leur cure de sang vient de
s'en ajouter un troisième. Espérons qu'il n'y en aura pas d'autres !

LA MORALE DE LÉOPOLD

— Voyons, mon bon Nicolas, il faut savoir se distraire un peu. Décidément, tu n'as
pas la bosse !!   Caricatures de Attilio et Cinirin (*Fischietto*, de Turin, 1906).

CHASSES ROYALES

— Entendu, Léopold, si tu m'en promets une part, je te le laisserai prendre ! (l'oiseau *Congo*).

LÉOPOLD CONGOINFLUENZATÉ

— Un poids sur l'estomac ? Majesté, cela doit être les millions du Congo !
— Impossible, docteur, je puis vous assurer que les millions sont déjà... avalés.

Caricatures de Cinirin (*Fischietto*, de Turin, 27 février 1906).

LES SCANDALES ALLEMANDS EN AFRIQUE

Guillaume. — Pouah! comme ça déteint!
Léopold. — Ne craignez rien. Ce n'est que sa poudre... de riz. Un coup de brosse et tout sera dit.   Caricature de Big (*Pasquino*, de Turin, 1906).

LE ROI LÉOPOLD A PARIS SE DÉFENDANT COMME ROI DU CONGO

Le roi Léopold (à M. Loubet). — Que dites-vous de cela? John Bull prétend que j'ai
martyrisé, volé et massacré encore plus que lui...
M. Loubet. — Non, Majesté, cela est impossible!

Caricature de Johann Braakensiek (*Weekblad voor Nederland*, d'Amsterdam,
13 septembre, 1903).

VISITE DU ROI LÉOPOLD A L'EMPEREUR GUILLAUME

Le roi Léopold. — Je crois, pourtant, que mon nègre du Congo est plus reconnaissant
de notre civilisation que votre Herrero.

Caricature de Johann Braakensiek (*Weekblad voor Nederland*, d'Amsterdam, 1904).

* Comme la France, comme la Belgique, l'Allemagne, elle aussi, a été atteinte de la *fièvre coloniale*;
elle aussi, elle a vu des fonctionnaires énervés par le climat, exaspérés par leur triste vie de solitude,
de pesant ennui, commettre des atrocités indignes de la civilisation européenne. De là l'essai de comparaison que le caricaturiste hollandais met dans la bouche de Léopold s'adressant à son cousin
Guillaume — et qui équivaudrait à dire qu'il y a moins de crimes et moins d'arbitraire dans la colonie
belge que dans les essais de colonisation allemande.

UN AUTOCRATE EUROPÉEN-ASIATIQUE
ET UN AUTRE AUTOCRATE EUROPÉEN-AFRICAIN

Nicolas. — Croirais-tu que mon knout et ma nagaïka ne me servent plus
à grand'chose !
Léopold. — Parbleu, cousin, on n'atteint pas assez loin avec cette pacotille...
essaye donc une fois mon *Schambok*. (La chicotte, lanière de peau d'hippopotame.)

Caricature de Johann Braakensiek (*Weekblad voor Nederland*,
d'Amsterdam, 24 juin 1906).

LA BELGIQUE ET LE CONGO

Léopold. — Mon Congo...
La Belgique. — Non pas *votre* Congo... elle sera *ma* servante.

Composition de Johann Braakensick (*Weekblad voor Nederland*, d'Amsterdam,
21 avril 1907).

SA PROPRIÉTÉ PRIVÉE

* Sur la porte on lit : « Propriété privée. Entrée interdite aux philanthropes. »
Caricature de J.-C. Gould (*Picture-Politics*, de Londres, Juillet 1906).

Léopold. — Vous demandez des réformes, les voilà.

John Bull. — Je ne veux pas voir ce document, (rapport de la Commission d'enquête) il est taché de sang.

Léopold. — Mais non, les marques viennent du caoutchouc.

John Bull. — C'est la même chose, au Congo.

(*Daily Chronicle,* de Londres, 1907.)

ÉTOUFFÉ PAR L'ENROULEMENT DU CAOUTCHOUC

(Scène de l'État libre du Congo.)

Caricature de Linley-Sambourne (*Punch*, de Londres, 28 novembre 1906).

LES FRÈRES EN CRUAUTÉ

Léopold. — Vous savez, Nicolas, vous auriez dû suivre mon exemple, et ne faire ces choses-là que loin, très loin de chez vous. Autrement, si vous n'y prenez garde, vous compromettrez tout à fait votre situation.

Caricature de David Wilson (*The Daily Chronicle,* de Londres, 25 avril 1907).

* Léopold et Nicolas tenant sous leur bras la longue liste des atrocités commises par eux, l'un à Riga, l'autre au Congo, sont tous deux hantés par la crainte de la révolte de leur peuple.

LES CITRONS PRESSÉS

Léopold. — Peuple bien aimé! tiens, voilà enfin le Congo!

(*Lustige Blätter*, de Berlin, Janvier 1908.)

FLOQUET ET LÉOPOLD

— Votre dîner était excellent, Sire! Mais motus... Vive la Belgique, Môssieu!

Caricature de J. Blass (*Le Triboulet*, 1891).

LE BON PATRIOTE

— Le père Thiers offrant la couronne de France au roi Léopold, savez-vous ! (Cela se passait en 1871).

Caricature de J. Blass (*Le Triboulet*, 13 septembre 1891).

* Amusante satire. On sait qu'en 1830 la couronne de Belgique avait été offerte au duc de Nemours, fils de Louis-Philippe.

— Si les rois fainéants revenaient, ils ne seraient pas peu étonnés de voir le char à bœufs de l'État remplacé par un char automobile...

et la couronne ornée de pierreries par une casquette de chauffeur.

— Tout récemment, un roi fin-de-siècle qui se trouvait à un tournant dangereux de l'histoire, fit un virage si réussi...

qu'il voulut, tout aussitôt, aller raconter ses prouesses au Conseil des ministres.

LÉOPOLD AUTOMOBILISTE

Caricatures de Fernand Fau. (*Le Rire*, 10 novembre 1900).

* De nombreuses caricatures ont été publiées sur Léopold chauffeur — il a même servi, on l'a vu, de réclame pour des marques connues, quoique pas belges, — mais cette image, due au crayon spirituel d'un artiste parisien, est particulièrement amusante.

— « C'est moi l'État, » dit-il à l'huissier pour se faire reconnaître. A quoi celui-ci répondit :

« C'est un fichu état que celui où vous vous trouvez, sais-tu bien, Léopold. Va d'abord te débarbouiller et vous reviendrez après, si tu veux, s'il vous plaît. »

Caricatures de Fernand Fau (*Le Rire*, 10 novembre 1900).

PARIS-BERLIN
(*Dernières dépêches.*)

Verviers. — X... a tenu tête, en France, la tient en Belgique, gagne superbe objet d'art offert par S. M. Léopold. Montant des pneus Dunlop.

Caricature de O'Galop (*Le Rire*, n° consacré à la course *Paris-Berlin*, 1901).

* Léopold, au contrôle de Verviers, tenant en main l'objet d'art qui doit être offert au vainqueur de la course et qui est, qui ne pouvait être, naturellement, qu'une statuette de Cléo... par Falguière.

LES BOITES A SURPRISES, NOUVEAUX JOUJOUX BELGES

La détente du premier l'a ébranlé
Le deuxième l'abat presque !
Le troisième le terrassera-t-il ?

Caricature de Ménard (*L'Indiscret*, 7 mai 1902).

* Cette image est relative aux élections belges de 1902.

MI-CARÊME GÉNÉRALE

— Le char triomphal de l'agriculture en souvenir de la fondation par le roi d'Italie, d'un *Institut international de l'Agriculture.*

(*La Silhouette*, Février 1907.)

* Tous les souverains sont figurés sur le char que conduit le cocher Léopold déguisé en Amour.

LA CÈNE A FAIRE

« Prenez et buvez, ceci est mon sang, le sang de la nouvelle alliance. »

Le roi Édouard. — Buvez-en tous... C'est le vin de la nouvelle alliance et vous m'en direz des nouvelles!

Caricature de Charles Pourriol (L'Indiscret, 15 novembre 1905).

* *La nouvelle alliance c'est la paix universelle.*

LA COURSE A L'ABIME (I)

S. M. Léopold (à son chauffeur). — Mon vieux Morcelle, apprendre à conduire mon auto, c'est apprendre à conduire mon peuple. Nul ne peut vous atteindre; on a sa majorité derrière soi !

Caricature de D'Ostoya (*L'Indiscret*).

LA COURSE A L'ABIME (II)

..... Et bientôt, en effet, sa Majesté Léopold, roi des Belges, avait la majorité de son peuple derrière elle.

Caricature de D'Ostoya (*L'Indiscret*).

ILS MOBILISENT !!

— Il a fait tracer deux routes à travers le royaume. La route A est affectée à l'armée allemande qui envahit la France. La route B est affectée à l'armée française qui envahit l'Allemagne. Impossible de se tromper. Entre les deux se tient la puissante armée belge prête à s'opposer à tout conflit entre les troupes des nations ennemies sur l'étendue du territoire neutre. Et allez donc ! De sorte que le lion de Flandre (sur les monnaies « Caniche de Belgie ») pourra rugir en paix. Ça c'est beau !

Caricature de G. Tiret-Bognet (*La Chronique Amusante*, 11 février 1906).

Le Roi. — Vous êtes avertis !

(*Der Wahre Jacob*, de Stuttgart, 6 mai 1902.)

* Léopold II montrant à ses ministres assemblés en Conseil le glaive de la Révolution suspendu sur leurs têtes. On sait qu'en 1902 la Belgique fut le théâtre de mouvements populaires multiples, grèves et même émeutes sanglantes. C'est à ce propos que le roi déclara que « jamais, tant qu'il serait sur le trône, les socialistes n'auraient le suffrage universel ». Le titulaire du portefeuille de l'intérieur est censé ne pas assister à la séance tandis que, sur le dossier de son collègue clérical, en face de lui, on lit : *Ministère de l'Instruction Publique.*

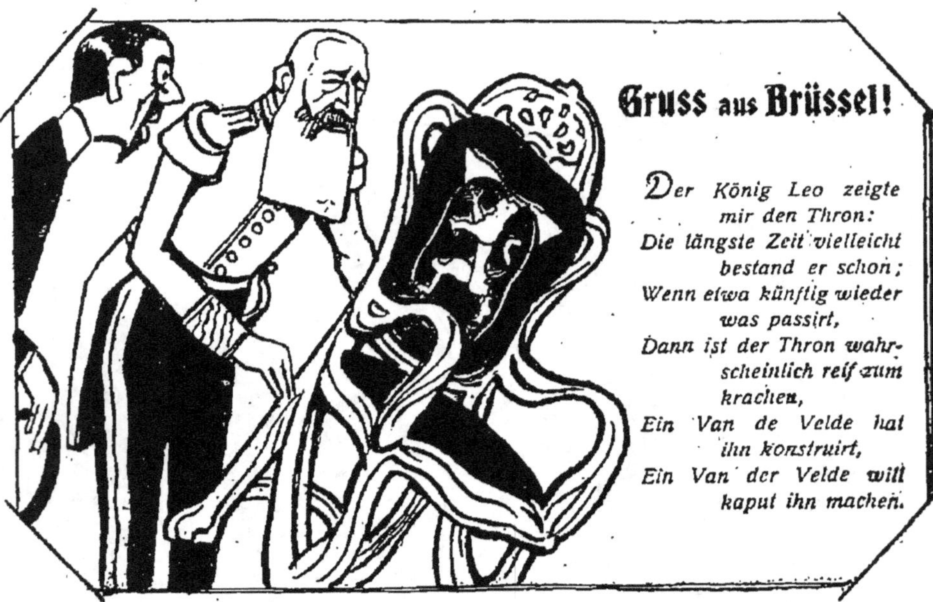

A TRAVERS LE MONDE, EN CARTES POSTALES.

SALUT DE BRUXELLES

— Le roi Léo me montre le trône ; il l'a sans doute possédé pour son plus long temps, à l'heure actuelle. Si quelque chose se produit à nouveau dans l'avenir, le trône, assurément, sera prêt à craquer. Un Van de Velde l'a élevé ; un Van de Velde le renversera.

(Van de Velde fit partie du premier ministère constitué par Léopold II ; et Émile Vandervelde est, on le sait, le principal ou, tout au moins, le plus remuant chef du parti ouvrier belge.)

* On sait que toutes les cartes postales illustrées, fabriquées en Allemagne, portent le : *Gruss aus* (Salut, ou souvenir... de telle ou telle ville). Le caricaturiste apprécie ainsi les événements européens en une série de petits cartons fort amusants. Il en est de Belgrade, de Bayreuth, dont Siegfried Wagner, naturellement, fait les frais ; de Berlin avec le magasin de statues de la *Siegesallée* ; de l'Exposition de Dusseldorf avec le monument des canons Krupp, l'idéal de l'architecture moderne ; du Transvaal ; de Paris où triomphe — comment pourrait-il en être autrement ? — *la dame de chez Maxim.*

(*Lustige Blätter*, de Berlin, Juin 1902.)

AU FIDÈLE [c'est-à-dire AU JOYEUX] LÉOPOLD

(Chœur des « Compagnons du devoir »)

— « Oscar, viens et ne pleurniche pas; Oscar, montre un peu de courage; toujours joyeux et content, ne t'inquiète pas des bagages. » — c'est-à-dire de ce que tu traines à ta suite et de ce qui a pu se perdre en route.

« Aplatir est dans nombre d'autres États unir; aplatis sont également, sans parler de toi, nombre de souverains. S'il plaît au compagnon Bebel, maintenant, de nous braver en écrits et en paroles, nous lui sifflerons à notre tour quelque chose (c'est-à-dire nous lui chanterons un air de notre façon). A ta santé, vieux Suédois! »

(*Der Wahre Jacob*, de Stuttgart, 11 juillet 1905.)

* Cette image parodiant une scène connue du théâtre allemand, fait allusion à la séparation [de la Norvège d'avec la Suède. Nicolas, François-Joseph, Pierre de Serbie, Ferdinand de Bulgarie sont réunis à la table des hôtes et c'est Léopold qui, comme toujours, semble être le boute-en-train de la réunion, en engageant le roi Oscar à ne pas se laisser abattre par la perte d'une partie de ses États (la séparation d'avec la Norvège). Au buffet se tient Michel, c'est-à-dire le paysan allemand.

LES INCORRIGIBLES

— Marianne, l'avisée, a bien vite oublié la douleur de la séparation (de l'Église et de l'Etat). Elle se conduit de façon aussi frivole qu'autrefois, dans l'espérance que les viveurs de haute marque viendront prochainement lui rendre visite à nouveau.

(*Jugend*, de Munich, Septembre 1906.)

* Dans le fond, Léopold et Édouard.

TEMPÊTE DANS L'EUROPE OCCIDENTALE

Cléopold. — Hé hé, qu'y a-t-il donc, don Carlos? Quelque chose de semblable pourrait bien aussi NOUS arriver.

(*Kikeriki*, de Vienne, 13 juin 1907.)

* Allusion aux troubles du Portugal.

DURANT LA SAISON DES BAINS

Kikeriki (le jeune coq qui est dans le canot). — ..... Jésus! en voilà, maintenant, une collection de souverains prêts à faire le saut, mais de cette façon seulement.

(*Kikeriki*, de Vienne, 21 juillet 1907.)

LES TROIS ROIS IMPIES — CLÉOPOLD, PIERRE ET CARLOS

— Les trois rois impies cheminent ensemble, suivant la tradition des trois saints rois, et cependant ils diffèrent quelque peu de ces derniers, car les trois rois impies sont forcés de s'en aller.

(Wiener Caricaturen, 5 Janvier 1908.)

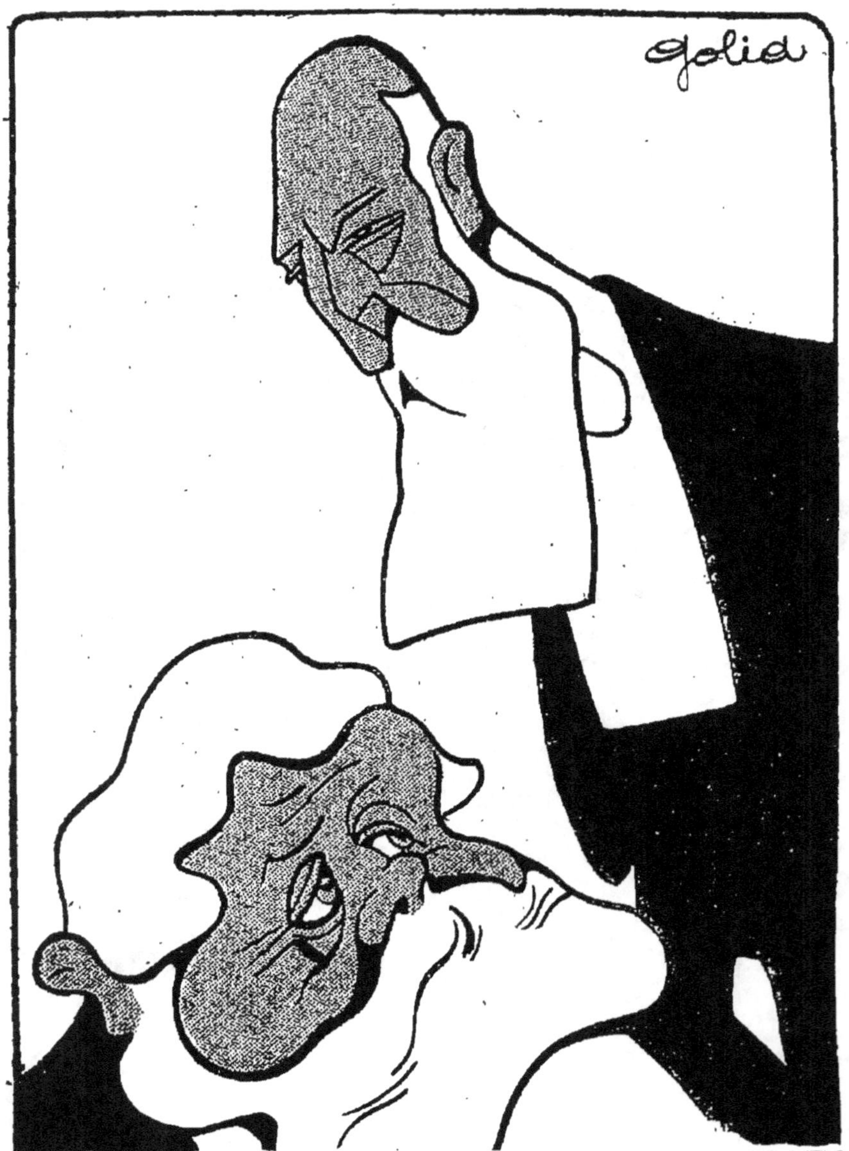

LÉOPOLD ET FALLIÈRES

— Et Marianne, comment va-t-elle,.... mon cher Président ?
— Quelque peu capricieuse !..... comme Cléo !

Caricature de Golia (*Pasquino,* de Turin, 5 mai 1907).

ANARCHISTE OU AGENT PROVOCATEUR
(Le pseudo-baron Sternberg)

Le roi Léopold. — Donnez-le moi, cousin, j'ai encore un vieux compte à régler avec lui.

Le Tsar. — Permettez, ce petit homme m'a déjà coûté pas mal d'argent, je préférerais le garder.

Caricature de Johann Braakensiek (*Weekblad voor Nederland*, d'Amsterdam, 16 septembre 1894).

UN MOMENT DIFFICILE POUR LE ROI LÉOPOLD

Jefke. — Sire, quelle tempête! Jetez ce paquet de loi scolaire, alors je vous aiderai un peu à porter l'autre. De la sorte, vous pourrez veiller à ce que le vent n'emporte pas la couronne.

Caricature de Johann Braakensiek (*Weekblad voor Nederland*, 4 août 1895).

* L'autre paquet c'est le Congo.

LA DÉMISSION DU MINISTRE DE LA GUERRE

Le général Brassine. — Sans une nouvelle organisation de l'armée, la Belgique, sire, court des dangers.
Léopold. — Nous parlerons de cela plus tard, général ! Je pars pour le Congo.

Composition de Johann Braakensiek (*Weekblad voor Nederland*, d'Amsterdam, 15 novembre 1896).

LES BONS VOISINS

Léopold. — Voyons, *Brammeke*, mon petit Abraham (1), écoute un peu, veux-tu prendre, tous les deux, une chope de Louvain (c'est-à-dire de bière de Louvain).

Caricature de Orion (*Uilenspiegel*, de Rotterdam, 16 janvier 1904).

(1) Prénom du ministre hollandais Abraham Kuiper.

LE DISCOURS DU ROI LÉOPOLD A ANVERS

Léopold (à Anvers). — Et ils veulent te faire croire, ma chère Antwerpia,
qu'il entre dans mes intentions d'enfermer ta ville dans une ceinture
de forts, de constituer une grande armée c'est-à-dire de faire de toi et
des enfants du pays de la chair à canon, et aussi de prendre ton argent
par millions, pour mes satisfactions militaires... N'en crois rien! Regarde
à travers cette lentille. Que vois-tu, qu'aperçois-tu? Rien que des ports,
des docks et des navires! Voilà à quoi je pense.

Composition de Johann Braakensiek (*Weekblad voor Nederland*,
d'Amsterdam, 6 août 1905).

— Le roi des Belges défendant ce qui lui est le plus cher. [Ses écus.]

— Après l'attentat sur le brave roi des Belges [il salue son peuple].

Vignettes de E. Juch, (*Figaro*, de Vienne, 10 janvier 1903, 2 avril 1904).

Table des Matières

Léopold et la Caricature belge

L'irrévérence à l'égard des souverains. — La caricature belge : ses origines. — Les premières satires crayonnées contre le Roi. — Le « Rasoir » et le « Frondeur » de Liége. — Le pantin royal. — Les attaques contre le Roi deviennent plus violentes avec les affaires du Congo et par suite de sa politique cléricale. — Liberté complète des crayons. — Le Roi est même attaqué dans sa vie privée. — Les « Corbeaux ». — Le caricaturiste Julio et le « Cri du peuple ».   1

Léopold devant la caricature européenne
(Journaux, cartes postales, affiches et réclames illustrées).

Origine des caricatures sur le Roi des Belges : Cléo et Léopold. —

— Depuis quelque temps, l'opinion publique était plus que sévère à mon endroit : seul, un bon petit attentat anarchiste pouvait me remettre à flot.

« La semaine humoristique » par Moloch
(*La Chronique amusante*, 4 décembre 1902).

Table des Gravures

Langa, Stern, Stutz, A. Weisgerber, W. A. Wellner, F. von Reznicek. — Pages :
xiii, 1, 122, 124, 125, 126, 128, 133, 136, 137, 138, 143, 144, 145, 182, 183, 184, 185,
189, 190, 191, 192, 193, 194, 195, 196, 197, 198, 199, 200, 201, 202, 203, 223, 224,
225, 226, 239, 250, 251, 252, 253.

III. — Caricatures Anglaises et Américaines.

(Extraites des journaux : *Daily Chronicle, Picture-Politics, Punch, Judge* de
New-York). Dessinateurs : J.-C. Gould, Linley-Sambourne, David Wilson. —
Pages : 148, 236, 237, 238.

IV. — Caricatures Autrichiennes.

(Extraites des journaux : *Der Floh, Figaro, Kikeriki, Der liebe Augustin,
Lucifer, Die Bombe, Wiener Caricaturen*). Dessinateurs : Otto Frey, F. Grætz,
R. Hille, E. Juch, Th. Zasche. — Pages : 127, 131, 132, 134, 146, 150, 154, 156, 158,
186, 187, 188, 204, 205, 206, 207, 208, 209, 210, 227, 254, 255, 256, 263.

V. — Caricatures Françaises.

(Extraites des journaux : *Le Figaro, Le Journal, La Lanterne, Le Supplément,* —
*La Caricature, La Chronique amusante, La Chronique parisienne, Le Courrier
français, Le Cri deParis, La Gazette de la Capitale, Le Grelot, L'Indiscret, Mon
Dimanche, Le Musée de Sires, Pall-Mall Illustration,* de Cannes, *Le Rire, Le Ruy-
Blas, La Silhouette, Le Triboulet*). Dessinateurs : J. Blass, Paul Calvin, Caran
d'Ache, Th. Barn, Emile Cohl, Gil Baër, O'Galop, C. Léandre, G. Lion, Lamouche,
Léal da Camara, d'Ostoya, Roger, Roubille, Lebègue, Fernand Fau, George-
Edward, Ménard, Moriss, Sem, Henry Somm, Jehan Testevuide, Tiret-Bognet,
O. Weal, Adolphe Willette, Charles Pourriol, Moloch. — Pages : 82, 83, 84, 85,
86, 87, 88, 89, 90, 91, 92, 93, 94, 95, 96, 97, 98, 99, 100, 101, 102, 103, 104, 105,
106, 140, 142, 155, 159, 163-164, 165, 166, 167, 168, 170, 171, 172, 173, 174, 175, 176,
177, 178, 179, 180, 181, 221, 240, 241, 242, 243, 244, 245, 246, 247, 248, 249, 264.

VI. — Caricatures Hollandaises.

(Extraites des journaux : *De Notenkraker, Nederlandsche Spectator, Uilenspiegel, Weekblad voor Nederland*). Dessinateurs : Johann Braakensiek, Orion,
J. Linse, Soranus. — Pages : 135, 139, 149, 151, 152, 153, 157, 213, 114, 218, 232,
233, 234, 235, 258, 259, 260, 261, 262.

VII. — Caricatures Italiennes.

(Extraites des journaux : *Fischietto, Illustrazione Italiana, Pasquino*).—Dessinateurs : Big, Attilio, Cinirin, Gaido, Gib, Golia, E. Vette). — Pages : 81, 129,
130, 147, 216, 217, 228, 229, 230, 231, 257.

VIII. — Caricatures Suisses.

(Extraites du *Nebelspalter,* de Zurich). Dessinateurs : F. Boscovits et Lehmann. — Pages : 141, 146, 158, 212, 222.

Paris. — Imp. Paul Schmidt. — F. Schmidt Fils, 20, rue du Dragon.

BACHAUMONT — Mémoires Secrets (1762-1771) (2 vol.).
BEAUME (Georges) — La Femme et le Larron.
BÉRIC (Raoul) — La Roumia.
BONNEFON (Jean de) — Le Dossier du Roi (Louis XVII).
DERENNES (Charles) — Le Miroir des Pécheresses.
DERYS (Gaston) — La Dame d'Amour. — Ninon de Lenclos. — Les Grandes Amoureuses (3 vol.).
FRÉJAC (Ed. de) — Sous le Soleil d'Athènes.
GINESTE (Raoul) — La Poupée de Cire.
GRAND-CARTERET (John) — Contre Rome. — L'Oncle de l'Europe. — L'Empereur du Knout. — Popold II, Roi des Belges, et des Belles. — Le Jeune premier de l'Europe.
LANDRE (Jeanne) — La Gargouille. — Echalote et ses amants. — Echalote continue...
LEMONNIER (Camille) — Happe-Chair.
LOUVET DE COUVRAY — Les Amours du Chevalier de Faublas (3 vol.).
MERCIER (Louis-Sébastien) — Tableau de Paris. — Le Nouveau Paris.
MÉMOIRES DE JEAN MONNET, Directeur du Théâtre de la Foire.
MÉMOIRES ET LETTRES GALANTES DE Mme DU NOYER (1663-1720).
NION (François de) — Les Tragiques Travestis.
PRADELS (Octave) — Moines, Nonnes et Curés. — L'Eternel Cotillon.
RESTIF DE LA BRETONNE — Monsieur Nicolas *ou le Cœur humain dévoilé* (3 vol.). — Le Palais-Royal. — La Dernière Aventure d'un homme de 45 ans. — La Vie de mon Père. — Les Contemporaines.
SOUVENIRS DE Mlle DUTHÉ, de l'Opéra (1748-1830).
SÉCHÉ (A.). — Les Muses Françaises (*Anthologie des Femmes-Poètes* (2 vol.)
VAN BEVER — Conteurs galants du xviiie siècle — Contes et facéties galantes du xviiie siècle (1re, 2e et 3e séries).

AJALBERT (Jean) — Les Destinées de l'Indochine.
ANDRÉ (Général) — Cinq ans de Ministère.
BARRE (André) — La Bosnie-Herzégovine. — La Tragédie Serbe. — La Menace Allemande. — L'Esclavage blanc. — Gretchen.
BERNOT (Paul) — Le Champ d'or (La République Argentine).
BERTAUT (Jules) — La Jeune fille dans la littérature française.
BERTHEROY (Jean) — Geneviève de Paris.
BOISSIÈRE (Jules) — Fumeurs d'Opium. — Propos d'un Intoxiqué.
BONNEFON (Jean de) — Lourdes et ses Tenanciers. — Lettres Indiscrètes. — La Noblesse de France. — Les Cours, l'Eglise et la Ville.
BORYS (Daniel) — Le Royaume de l'Oubli (Drames de l'Opium).
DERENNES (Charles) — La Guenille.
DERYS (Gaston) — Cruelle Tendresse.
DOLONNE (Abbé) — Le Clergé contemporain et le Célibat.
ESPARBÈS (Georges d') — Le Briseur de Fers.
FRÉJAC (Ed. de) — La Fin de Tadmor. — Voyage à l'axe de la terre. — Alviane et César (Au temps des Borgia).
GINESTE (Raoul) — Les Grandes Victimes de l'hystérie.
GÓMEZ CABRILLO — Pélerinage Passionné (Jérusalem et la Terre Sainte).
GOTTSCHALDK (Dr) — Les Régimes alimentaires.
HANSEN (Norman) — Toumân ou le Cœur de la Russie.
HERMANT (Abel) — Les Renards. — Chronique du Cadet de Coutras. — Coutras soldat. — Coutras voyage. — Histoire d'un fils de roi.
LAMI (Marcel) — Terres d'Aventures. — Grand Paul. — La Débandade. — Vers les Cimes.
LANDRE (Jeanne) — Plaisirs d'Amour.
LANDRE (Jeanne) et Ctesse XAVIER D'ABZAC. — Camelots du Roi.
LEMONNIER (Camille) — L'Hallali. — Quand j'étais Homme.
POURVOURVILLE (A. de) — Le Cinquième Bonheur.
PRADELS (Octave) — Fleurs de Gaule.
RICTUS (Jehan) — Fil-de-Fer.
RIIS (Jacob) — Comment je suis devenu Américain.
ROSNY (J.-H.). — Contre le Sort. — Vers la Toison d'Or.
ROUZIER-DORCIÈRES — Sur le Pré (Souvenirs de Duels).